大人《おとな》になってこまらない

マンガで身《み》につく

友《とも》だちとのつきあい方《かた》

監修
相川 充

マンガ・イラスト
とげとげ。

金の星社

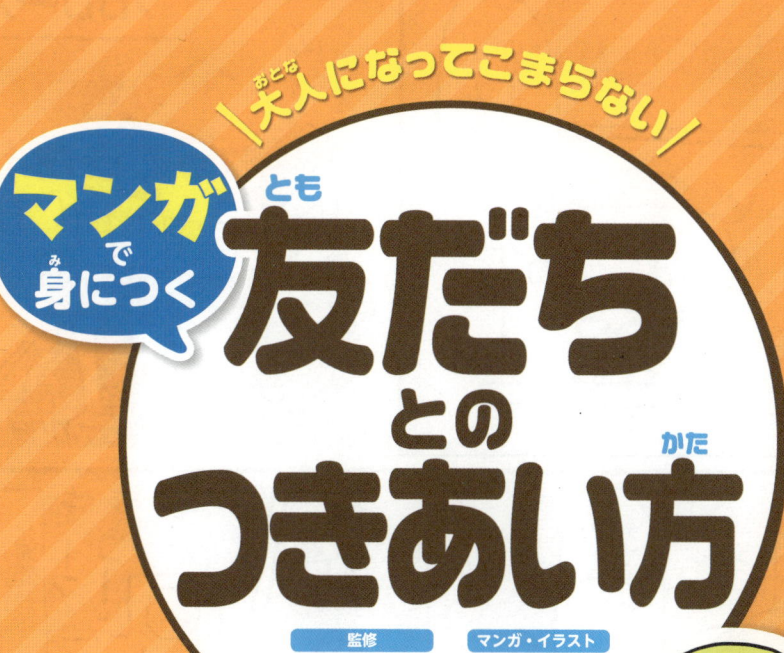

プロローグ

ハートの精霊《せいれい》がやってきた！

イヤだなぁ…リカちゃん
私《わたし》は青木《あおき》ななみ
5時間前《じかんまえ》…
キーン コーン カーン
昼休《ひるやす》みだ〜
わー わー
キャハハ
リカちゃん外《そと》でおにごっこしない？
イヤよ！
それよりもななみのドレスステキね！
見《み》て〜リカはシェル(貝《かい》)のドレスなの！
花田《はなだ》リカ

天気《てんき》もいいし おにごっこすごく 楽《たの》しそうだよ！
お外《そと》行《い》こうよ～
イヤだったら！
行《い》きたかったら ななみひとりで 行《い》ってくれれば！
いつもリカちゃんが やりたい遊《あそ》び ばっかりだし…
たまには 私《わたし》のやりたい遊《あそ》びも しようよ！
リカはドレスの 絵《え》が描《か》きたいの！
行《い》きたかったら ななみひとりで 行《い》けばいいって 言《い》ってるじゃない！
イヤイヤつきあって もらわなくて 結構《けっこう》よ！
もういいわっ！
フン
明日《あした》リカちゃんに 会《あ》いたくないな～
学校《がっこう》へ行《い》きたく ない…
ハァ
あっ 流《なが》れ星《ぼし》！
明日《あした》カゼ引《ひ》きますように！ 足《あし》を骨折《こっせつ》して1カ月《げつ》学校《がっこう》を 休《やす》めますように！
でも痛くありませんよーに！
ピカッ
かなうわけないか～

ドシ
イテテ・・・
なに？今《いま》の光《ひかり》
ん!?
なにこれ
え？
コンパクト？
ため息《いき》合図《あいず》に
ルルルル〜

チャオ！
ストレスで見《み》えてはいけないものが見《み》えちゃってる!?
ひぃ〜〜〜
防犯《ぼうはん》ブザ〜〜
かくかく
失礼《しつれい》ですの！
あやしいものではないですの〜
ひ〜
あたくしハーティハートの妖精《ようせい》よ！
ななみにハートのレッスンをするためにやってきたんですの！

ハートの妖精《ようせい》!?
ハートのレッスン!?
……
あやしさが1ミリも解決《かいけつ》してないって顔《かお》ですの〜
ウフフフフ〜
まあそのうち慣《な》れますの!
ところでため息《いき》の原因《げんいん》はリカちゃんですの?
えっ なぜそれを!?
リカちゃんとなにがあったですの?
うん… あのね、昼休《ひるやす》みにかくかくしかじか〜〜〜
……そうですの〜
それはつらいですのね!
うぇ〜〜ん
ただリカちゃんと仲《なか》よく遊《あそ》びたいだけなのに〜
リカちゃん言《い》い方《かた》がキツイんだもん!
それにわがままだよ!

でもリカちゃんのキツイ言《い》い方《かた》はリカちゃんなりの理由《りゆう》があるかもしれないですの
理由《りゆう》…？
そんなのわかんないよ
コホン
ではまず心《こころ》について説明《せつめい》しましょう
サッ
①心《こころ》は天気《てんき》のように変《か》わるもの！
うれしい気持《きも》ち
ルンルン♡
かなしい気分《きぶん》
うえ～ん
いかりの感情《かんじょう》
キー
心《こころ》は「気持《きも》ち」とか「感情《かんじょう》」とか「気分《きぶん》」なんて言葉《ことば》にも言《い》いかえられますの～
へー

② いろいろな心《こころ》がある
ハッピー
ドキドキ
私《わたし》のお母《かあ》さんは
イライラ
かなしい
コンパクトの色《いろ》が変《か》わった！
ほかにもありますですの～
うらやましい
買《か》ってもらったのー
③ 自分《じぶん》とはちがう感《かん》じ方《かた》をする人《ひと》もいる
キレ～かわいいな～
うまそうだな～
マンボウ飼《か》いたいな～

どうですの?
うーん…でも
リカちゃんの心《こころ》なんてわかんないよ…
だいじょうぶ!!
これから「心《こころ》」について知《し》っていけば
リカちゃんとも仲直《なかなお》りできますですの!
それどころかもっともっと仲《なか》よくなれますですの〜!
さあ心《こころ》のレッスンを始《はじ》めるですの!
こうしてハーティとともに私《わたし》の心《こころ》の旅《たび》が始《はじ》まったのです

もくじ

第《だい》3章《しょう》 もっと仲《なか》よくなりたい編《へん》

第《だい》4章《しょう》 自分《じぶん》を大切《たいせつ》に編《へん》

この本《ほん》に出《で》てくる人《ひと》たち

青木《あおき》ななみ

- 明《あか》るく元気《げんき》、でもちょっと涙《なみだ》もろい小学《しょうがく》4年生《ねんせい》の女《おんな》の子《こ》。
- まわりの友《とも》だちに流《なが》されやすい。
- リカと仲《なか》よしだけど、意見《いけん》を曲《ま》げないリカとぶつかることも。
- しゅみは朝《あさ》ドラを見《み》ること。
- 将来《しょうらい》の夢《ゆめ》は女優《じょゆう》。
- ひそかに細井九段《ほそいくだん》が気《き》になっている。

ハーティ

- 心《こころ》のことや、友《とも》だちとのつきあい方《かた》ならおまかせあれ！ のハートの妖精《ようせい》。
- リカとケンカして落《お》ちこむななみを助《たす》けるためにやってきた。
- 声《こえ》が高《たか》く、しゃべり方《かた》に特徴《とくちょう》がある。
- 体《からだ》の大《おお》きさを自由自在《じゆうじざい》に変《か》えられる。
- ちょっと天然《てんねん》。
- 中田一郎《なかたいちろう》とアイドルが好《す》き。

花田《はなだ》リカ

- お父《とう》さんがアメリカ人《じん》、お母《かあ》さんが日本人《にっぽんじん》のハーフ。
- 「信《しん》じられるのは自分《じぶん》だけ」がモットー。
- 自分《じぶん》の意見《いけん》をいつでもハッキリ言《い》う。
- ハッキリ言《い》いすぎて、たまに人《ひと》をきずつけることがある。
- 将来《しょうらい》の夢《ゆめ》は、ファッションデザイナー。

吉野《よしの》よし子《こ》

- 自分《じぶん》の気持《きも》ちを人《ひと》に話《はな》すのが苦手《にがて》。
- ひとりで本《ほん》を読《よ》むのが好《す》き。
- ツチノコに並々《なみなみ》ならぬ情熱《じょうねつ》をもち、ふだんでは考《かんが》えられない行動力《こうどうりょく》を見《み》せるときがある。
- 将来《しょうらい》の夢《ゆめ》は、ツチノコ研究家《けんきゅうか》。

筋川強志《すじかわつよし》

- 「ラブアンドピース」が口《くち》ぐせのポジティブ男子《だんし》。
- 趣味《しゅみ》は筋《きん》トレ。
- 球技《きゅうぎ》は苦手《にがて》。
- よく自分《じぶん》で作《つく》った曲《きょく》を学校《がっこう》でひろうしている。
- 将来《しょうらい》の夢《ゆめ》は、筋《きん》トレしながら歌《うた》うミュージシャン。

中田一郎《なかたいちろう》

- クラスの学級委員《がっきゅういいん》。
- まじめで完《かん》ぺき主義《しゅぎ》。
- 曲《ま》がったことがきらいで、机《つくえ》の置《お》き方《かた》が曲《ま》がっているだけでも許《ゆる》せない。
- 将来《しょうらい》の夢《ゆめ》は内閣総理大臣《ないかくそうりだいじん》。
- ひそかに花田《はなだ》リカに恋《こい》をしている。

細井九段《ほそいくだん》

- 趣味《しゅみ》将棋《しょうぎ》、特技《とくぎ》将棋《しょうぎ》。
- 寝《ね》ても覚《さ》めても将棋《しょうぎ》のことしか頭《あたま》にない。
- 将棋《しょうぎ》の駒《こま》では「桂馬《けいま》」が好《す》きで、自《みずか》らを「桂《けい》馬《ま》の貴公子《きこうし》」と呼《よ》ぶ。
- ひとりが好《す》き。というより、将棋《しょうぎ》のじゃまをされたくない。

コンパクトのひみつ

みんなに、コンパクトのひみつを教《おし》えてあげますの！　コンパクトを使《つか》うと、自分《じぶん》の気持《きも》ちも友《とも》だちの気持《きも》ちもわかってしまうですの～。

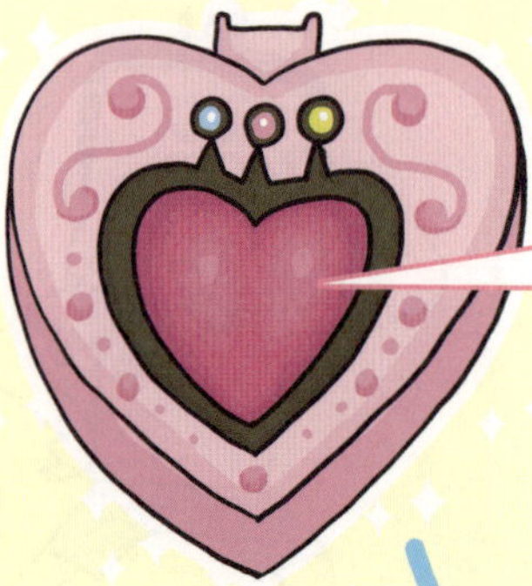

気持《きも》ちを色《いろ》で教《おし》えてくれる！

- ハッピー
- かなしい
- ドキドキ
- うらやましい
- イライラ
- もやもや

色《いろ》はほかにもあるよ。白《しろ》く点滅《てんめつ》すると、なにかのサイン。コンパクトを開《あ》けてみて！

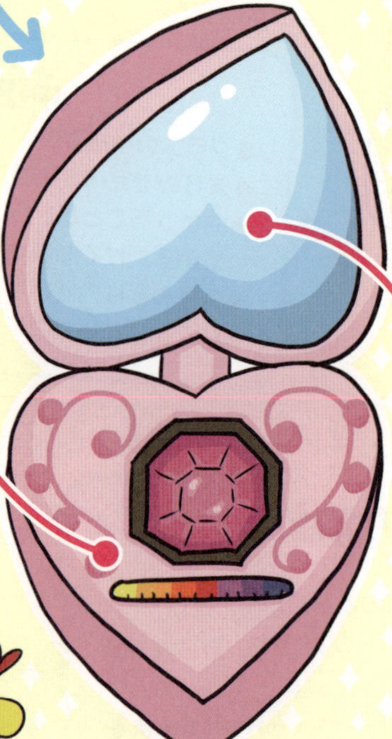

気持《きも》ちのボルテージが表示《ひょうじ》されるよ！　今《いま》の気持《きも》ちは何《なん》パーセントかな？

気持《きも》ちを知《し》りたい子《こ》にかざすと、その子《こ》の気持《きも》ちがうつし出《だ》されるよ！

さあ、さっそくコンパクトを使《つか》って心《こころ》のレッスンを始《はじ》めるですの！

第《だい》1章《しょう》

友《とも》だちと仲《なか》よくなろう編《へん》

ぼくはこう思《おも》うんだ
うん わかるよ

ほら！ ちゃんと隅《すみ》までふかなきゃダメだろう！
少《すこ》しくらいいいじゃ～ん…中田《なかた》くん細《こま》かっ!!

人《ひと》はちがってあたりまえ

え～ 本当《ほんとう》にコンパクトを かざすとみんなの 気持《きも》ちがわかるの？
そうですの！ かくしている こともみんな わかっちゃうんですの
そんなスゴイもの 借《か》りられないよ！
もしや あとで使《つか》った分《ぶん》の お金《かね》を取《と》るとか!?
返《かえ》す
そんなこと しませんですの
あたくしはななみに お友《とも》だちともっと 仲《なか》よくなってほしい だけですの！
じつは心《こころ》のレッスンを ひとりするごとに ポイントが ゲットできて
5P
ランクが上《あ》がれば かわいいリボンが もらえるんですの！
上級《じょうきゅう》
中級《ちゅうきゅう》
初級《しょきゅう》
今《いま》
ななみのことを 思《おも》っての ことですの！
ほんとだ かくしてること まるわかり・・・

きのう…
え? なに?
ななみこそ なに?
しーん
リカちゃん なに考《かんが》えてるんだろう…
コンパクトをかざすですの!
あっ うん
リカちゃんに向《む》けてパコ
ピタッ
時間《じかん》が止《と》まった!
ななみ まだ昨日《きのう》のこと気《き》にしているのかしら?
私《わたし》ちょっと言《い》い過《す》ぎちゃったかな…
リカちゃん!!
仲直《なかなお》りしたい思《おも》いは同《おな》じみたいですの!
パターン!
昨日《きのう》はごめんね!

いろいろな考《かんが》えの人《ひと》がいる！

運動会《うんどうかい》について、どう思《おも》う？

ふだんの筋《きん》トレの成果《せいか》を発揮《はっき》できるぜ！
チーム対抗《たいこう》でがんばるのって大好《だいす》き！
将棋《しょうぎ》こそ、脳《のう》のスポーツなのにな
暑《あつ》いから屋外《おくがい》じゃなくて屋内《おくない》でやってほしいわ
運動《うんどう》は苦手《にがて》だが学級委員《がっきゅういいん》としてまとめあげねば！
学《がっ》級《きゅう》委《い》員《いん》
運動《うんどう》、苦手《にがて》……雨降《あめふ》らないかなあ

学級委員《がっきゅういいん》をやってと言《い》われたら?

じつはやってみたいけど、はずかしくて言《い》えない……
OK《オーケー》!ラブアンドピースなクラスにまとめるぜ!
仕方《しかた》ないわねやる人《ひと》がいないならやってもいいわよ
ボクは向《む》いてないよほかに適任者《てきにんしゃ》がいると思《おも》う
む、無理《むり》です
やってと頼《たの》まれるまでもなく、自《みずか》ら立候補《りっこうほ》します!
ひとつの物事《ものごと》に対《たい》して、感《かん》じる思《おも》いは人《ひと》それぞれですの。いろいろな考《かんが》え方《かた》があるってこと、理解《りかい》しあえるといいですの!

友《とも》だちを理《り》解《かい》するには？

4-2
でも あの言《い》い方《かた》は さ～
ななみこそさ～
女子《じょし》たちおはよう！ 今日《きょう》も仲《なか》がいいな！
世《よ》の中《なか》 ラブアンドピース！ 笑《わら》う門《かど》には 福《ふく》きたるだぞ！
ほらっ笑《わら》って！ アッハッハッハッハ
なに変《へん》なこと 言《い》ってるのよ！
朝《あさ》から うるさいわね～
おお そうか！ そんなときこそ
ズッ
筋《きん》トレだぜ～！
……筋川《すじかわ》くんって 人《ひと》の話《はなし》をまったく 聞《き》かないわよね

そうだよね～
あ。
ピタッ
言《い》わずにいられずジャジャジャジャジャー！
今《いま》リカちゃんがいいこと言《い》ったですの！
えっ
友《とも》だちを理解《りかい》するには相手《あいて》の話《はなし》をよく聞《き》くことが大切《たいせつ》ですの！
相手《あいて》の話《はなし》をよく聞《き》く そっか やってみるよ！
さぁ～1・2・3 笑顔《えがお》で筋《きん》トレだ～
筋川《すじかわ》くんって筋《きん》トレが好《す》きなの？
おっ！ いい質問《しつもん》だね！
ななみ先《さき》に行《い》くわね
ここをガーっとやるとググググッとなってゴオオオってするとぐっとアガるだろ！ 筋肉《きんにく》からラブが出《で》てラブアンドピースなんだ
よく聞《き》いてもわからないときはどうすればいい？ ハーティ？
・・・

聞《き》き上手《じょうず》になろう！

友《とも》だちを理解《りかい》するには、相手《あいて》の話《はなし》をよく聞《き》くのが一番大事《いちばんだいじ》だよ。友《とも》だちの考《かんが》えや気持《きも》ちがわかってくると、友《とも》だちとのきょりもグッとちぢまるね。

しんけんに聞《き》こうとする気持《きも》ちが大切《たいせつ》！

友《とも》だちが安心《あんしん》する！

話《はなし》をしんけんに聞《き》いていることが伝《つた》わると、友《とも》だちは安心《あんしん》して話《はな》せるようになるよ。

ななみちゃんって話《はな》しやすいな
ホッ

本当《ほんとう》の気持《きも》ちがわかる！

友《とも》だちが安心《あんしん》して話《はな》せるようになると、それまで言《い》えなかったことも話《はな》してくれるようになるよ。

そっか、よし子《こ》ちゃんはつらかったんだな

こんなふうに聞《き》いてみよう！

① こちらから質問《しつもん》する

「どんなものが好《す》き？」「どうしたの？」などと、こちらから質問《しつもん》してみよう。

② あいづちをうつ

うなずきながらあいづちをうつと、しんけんに聞《き》いていることが伝《つた》わるよ。

③ 話《はなし》をとちゅうでさえぎらない

つい自分《じぶん》の話《はなし》をしたくなっても、ガマン！　相手《あいて》の話《はなし》をよく聞《き》いてね。

④ 質問《しつもん》は話《はなし》の区切《くぎ》りで

話《はなし》をさえぎらず、ひと区切《くぎ》りしたときにもっと知《し》りたいことを質問《しつもん》しよう。

聞《き》き上手《じょうず》な子《こ》は、友《とも》だちに安心感《あんしんかん》を与《あた》えることができるですの。相手《あいて》の話《はなし》をよく聞《き》くことで、きっと、友《とも》だちともっと仲《なか》よくなれるですの！

⑤ 共感《きょうかん》の言葉《ことば》を伝《つた》える

「そうだったんだ」「わかるよ」といった共感《きょうかん》する言葉《ことば》を伝《つた》えるといいね。

話《はな》すきっかけを作《つく》りたい！

細井《ほそい》くんっていつも将棋《しょうぎ》しているわね
将棋《しょうぎ》ってちょっと興味《きょうみ》あるな～
細井《ほそい》くんってなんだかかっこいいし！
細井《ほそい》くんにやり方《かた》教《おし》えてもらったら？
ムリムリムリ～
だってほとんど話《はな》したことないし…
でも本当《ほんとう》は細井《ほそい》くんと話《はな》してみたいんだよな
ハア
ピカッ
ハーティ
ため息《いき》ついたら
ジャジャジャジャーン
「将棋《しょうぎ》教《おし》えて！」って言《い》えばいいだけですの～
でも～
あれこれ考《かんが》えずにやってみるですの！
えっうん
ぐいっ
ね ねえ…
今《いま》忙《いそが》しいからあとにしてくれる？
そ そうだよね
将棋《しょうぎ》のこと教《おし》えてほしかったんだけど
将棋《しょうぎ》!?

それならそうと早《はや》く言《い》ってくれたまえ
さ　座《すわ》って！
は　はい！
将棋《しょうぎ》の基本《きほん》はね　まずあいさつだ！
かならずあいさつしてから始《はじ》めるよ！
お願《ねが》いします！
は　はい！　すみません！
お願《ねが》いします!!
まずはこう並《なら》べて　こうで　こうで…
ちがう！　そうじゃない!!　「歩《ふ》」はそこに置《お》いちゃだめだよ！
はっはい
細井《ほそい》くんスパルタ！
そこで「桂馬《けいま》」！　今《いま》攻《せ》めなくていつ攻《せ》めるんだ！
ちがう！　そこだよ！
キーンコーン
カーンコーン
将棋《しょうぎ》って難《むずか》しいね！　また教《おし》えてね
ふう～これでにげられる
最後《さいご》もあいさつ！　「まいりました」と　ちゃんと言《い》うこと！
ひぃぃぃ
ま　まいりました～
ゴッン

あいさつで始《はじ》まり、あいさつでおわろう！

あいさつされてイヤだと感《かん》じる人《ひと》はいないから、
気持《きも》ちよくあいさつをしよう！

あいさつすると……

相手《あいて》とのきょりが近《ちか》づく

リカちゃんおはよう！
おはよう！

あいさつは「あなたに関心《かんしん》があるよ！」のサイン。キミと相手《あいて》を結《むす》びつけてくれるよ。

会話《かいわ》のきっかけになる

今日《きょう》はプールだね！
うれしいね

あいさつは「これから会話《かいわ》しよう！」の合図《あいず》にもなる。あいさつをきっかけに話《はなし》ができるよ。

相手《あいて》の調子《ちょうし》がわかる

中田《なかた》くん体調《たいちょう》悪《わる》いのかな？
おはよう

相手《あいて》が明《あか》るい声《こえ》なら、元気《げんき》なしょうこ。なんとなく暗《くら》かったら、ちょっと調子《ちょうし》が悪《わる》いのかも。

気持《きも》ちがあたたかくなる

おはよう

あいさつをしたり、されたりすると、「ひとりではない」と思《おも》えて心《こころ》があたたかくなるね。

こんなふうにあいさつしよう！

自分《じぶん》から あいさつしよう！

あいさつの前後《ぜんご》に友《とも》だちの名《な》前《まえ》をつけると、より親《した》しみを感《かん》じてもらえるよ。

あっ、リカちゃんだ！
リカちゃん おはよう！

あいさつのあと、なにか言《い》ってみよう！

相手《あいて》の体調《たいちょう》やその日《ひ》の予定《よてい》、昨日《きのう》のできごとなど、話《はなし》を広《ひろ》げてみよう。

今日《きょう》の洋服《ようふく》 かわいいね
センキュー！

笑顔《えがお》ではっきりと！

相手《あいて》の目《め》を見《み》て、笑顔《えがお》で、はっきり聞《き》こえる声《こえ》で言《い》うと、伝《つた》わりやすいよ。

おはよう

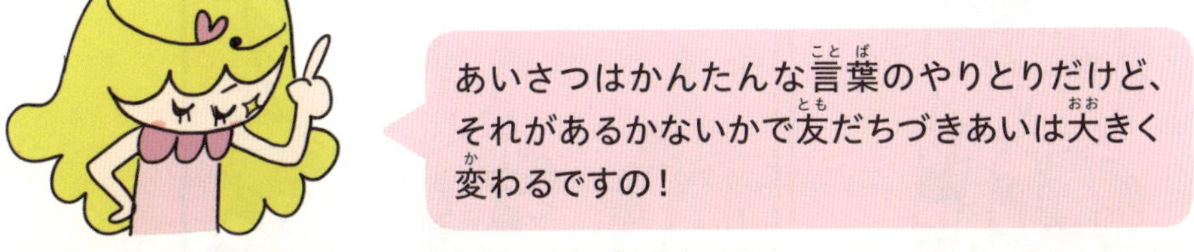
あいさつはかんたんな言葉《ことば》のやりとりだけど、それがあるかないかで友《とも》だちづきあいは大《おお》きく変《か》わるですの！

会話《かいわ》をはずませたい!

あっ よし子《こ》ちゃんだ
よし子《こ》ちゃん いっしょに帰《かえ》ろう
うん
しーーーん
・・・
よし子《こ》ちゃん 昨日《きのう》の朝《あさ》ドラ見《み》た?
おもしろかった よね~
あっ私《わたし》モノマネ できるんだ!
ウチ 東京《とうきょう》の街《まち》に 負《ま》けへん!

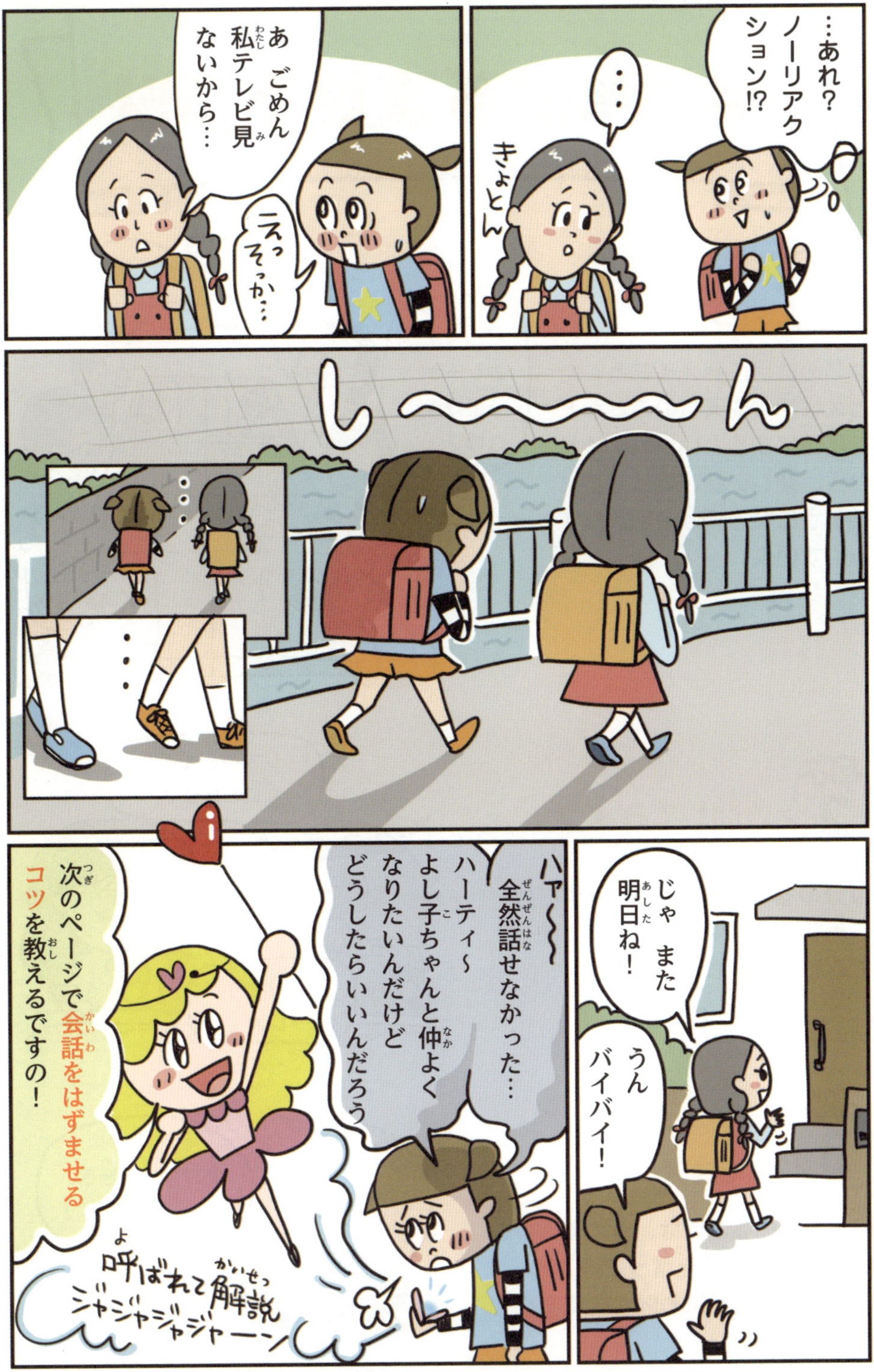
…あれ？ノーリアクション!?
…
きょとん
あ ごめん 私《わたし》テレビ見《み》ないから…
えっ そっか…
し〜〜〜ん
…
…
じゃ また 明日《あした》ね！
うん バイバイ！
ハァ〜〜 全然話《ぜんぜんはな》せなかった… ハーティ〜 よし子《こ》ちゃんと仲《なか》よくなりたいんだけど どうしたらいいんだろう
次《つぎ》のページで会話《かいわ》をはずませるコツを教《おし》えるですの！
呼《よ》ばれて解説《かいせつ》ジャジャジャジャジャーン

会《かい》話《わ》をはずませるコツ

コツ1 話題《わだい》を上手《じょうず》にえらぼう

はじめは目《め》に見《み》えること、たとえば給食《きゅうしょく》や天気《てんき》のことなどを話題《わだい》にするといいね。それから、楽《たの》しい話《はなし》、笑《わら》ってしまいそうになる話《はなし》は会話《かいわ》がはずみやすいよ。

今日《きょう》はカレーだね。やったー！
筋川《すじかわ》くんはカレーが一番《いちばん》好《す》きなの？

コツ2 質問《しつもん》してみよう

自分《じぶん》の考《かんが》えを一方的《いっぽうてき》に話《はな》すだけじゃなく、相手《あいて》がどう思《おも》うか聞《き》いてみると話《はなし》がもりあがるよ。

リカちゃんはなにが好《す》き？
私《わたし》は白身魚《しろみざかな》のポワレよ

コツ3 答《こた》える人《ひと》を指名《しめい》する

何人《なんにん》かでいるときは、答《こた》えてほしい友《とも》だちの名前《なまえ》を言《い》ってみよう。みんなが話《はな》す側《がわ》にも聞《き》く側《がわ》にもなれると楽《たの》しいね。

私《わたし》は牛丼《ぎゅうどん》が好《す》き、よし子《こ》ちゃんは？

コツ4 あいづちを打《う》って「話《はなし》を聞《き》いたよ」を伝《つた》える

「へえ」「そうなんだ」「なるほどね」など、自分《じぶん》が相手《あいて》の話《はなし》を聞《き》いていることが伝《つた》わる言葉《ことば》を言《い》うようにしよう。

へえ〜
よし子《こ》ちゃんは
焼魚《やきざかな》が
好《す》きなんだね

コツ5 いろいろな答《こた》えが返《かえ》ってくる質問《しつもん》をしよう

「いつ？」「どこで？」「だれが？」「なにが？」「どうして？」「どんな？」などで始《はじ》まる質問《しつもん》だと、話《はなし》が広《ひろ》がりやすいよ。

どんな給食《きゅうしょく》が
あればいいなと
思《おも》う？
おすし

ハーティ♥ナモ

話《はな》し手《て》と聞《き》き手《て》がいるから、会話《かいわ》は楽《たの》しい！

グループの一部《いちぶ》だけで話《はな》していても、話《はなし》はもりあがらないですの。話《はな》す人《ひと》を交代《こうたい》しながらみんなで話《はな》すようにすると、話題《わだい》がつながっていくですの！

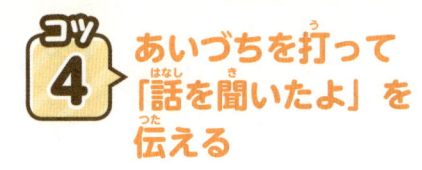

友《とも》だちのよいところを探《さが》そう！

そうじの時間《じかん》
青木《あおき》さん ぞうきんがけが少《すこ》し 雑《ざつ》じゃないかな？
えっ？ ちゃんとふいてるよ！
ムカッ
ほら！ ちゃんと 隅《すみ》までふかなきゃ ダメだろう！
少《すこ》しくらい いいじゃ～ん… 中田《なかた》くん細《こま》かっ!!
んも～ 中田《なかた》くんって 朝《あさ》ドラの 銀《ぎん》さんみたい！
なんだい この汚《よご》れは!?
ひ～
心《こころ》の中《なか》で 銀《ぎん》さんって 呼《よ》んでやる！

ガラッ
おっ！ キレイに そうじしてるな！ ありがとう～
青木《あおき》さんが ぞうきんがけを ていねいに がんばってくれました！
えっ
青木《あおき》さんえらいぞ～ ありがとうな～
エヘヘ
さぁ片《かた》づけて帰《かえ》りましょう
中田《なかた》くん…
細《こま》かくてうるさくて ホントやだ！ なんて 思《おも》って悪《わる》かったな
まじめなのは 悪《わる》いことじゃ ないもんね
ななみ いいところに 気《き》がついたですの！
ピカピカ
は銀《ぎん》さん じゃなくて 源《げん》さんだな！
朝《あさ》ドラの
不器用《ぶきよう》だけど やさしい
ウフフ

だれにでもよいところ・悪《わる》いところがある

ある人《ひと》にとってはイヤだと感《かん》じるところも、別《べつ》の人《ひと》にとってはよいところに思《おも》えることもあるよ。

イラッ

筋川《すじかわ》くんのふざけるところがイヤだ。

アハハー

筋川《すじかわ》くんていつもおもしろいな。

同《おな》じ人《ひと》でもここは好《す》き、ここはきらいと感《かん》じるところがある

テキ
パキ
鬼《おに》ごっこより
ドッジボールが
いいと思《おも》うわ！
それ、いいね！
賛成《さんせい》！

リカちゃんって自分《じぶん》の意見《いけん》をしっかり持《も》っていてかっこいいな。

朝《あさ》ドラ
おもしろいよ～
え～つまら
ないし興味《きょうみ》
ないわ
グサ

リカちゃんってちょっと言《い》い方《かた》がキツイのよね。

やってみよう！

友《とも》だちのよいところさがし

1. 右《みぎ》のような「友《とも》だちのよいところ」シートを作《つく》ってみんなに配《くば》り、名前《なまえ》らんに自分《じぶん》の名《な》前《まえ》を書《か》く。

さんの よいところ

2. 全員《ぜんいん》のシートを集《あつ》めて、ランダムに配《くば》り直《なお》す。

3. その子《こ》のがんばっていること、すごいな、ステキだなと思《おも》うところなどを書《か》く。

はなだりか
いつも自分《じぶん》の
はっきり言え

4. 書《か》きおわったらシートを集《あつ》め、またランダムに配《くば》る。これを4回《かい》くり返《かえ》したら、持《も》ち主《ぬし》に戻《もど》す。

5. 友《とも》だちが書《か》いてくれたよいところのうち、自分《じぶん》でも気《き》がついていたところには赤《あか》ペンで○、気《き》がついていなかったところには◎をつけよう。

青木《あおき》ななみさんの よいところ
○ よく笑《わら》うところ
◎ いつも元気《げんき》
○ やさしい
◎ おもしろい

よいところさがしをすると、自分《じぶん》についても友《とも》だちについても理解《りかい》が深《ふか》まるですの！

ハーティからのメッセージ

苦手《にがて》な友《とも》だちがいても だいじょうぶ！

友《とも》だちのよいところをいっしょうけんめい探《さが》してみたけれど、**どうしてもスキになれない、苦手《にがて》だと感《かん》じる**こともあるかもしれないですの。

でも、今《いま》まで説明《せつめい》してきたみたいに、人間《にんげん》っていろいろな人《ひと》がいて、ちがってあたりまえなんですの。だから、どうしても苦手《にがて》な人《ひと》がいても気《き》にしないで。あなたが悪《わる》いんじゃないですの。

ただ、**どんなに苦手《にがて》な人《ひと》だとしても、あいさつだけは自《じ》分《ぶん》からしっかりしてみてほしい**ですの。そうすれば、もしかしたら、少《すこ》しずつきょりがちぢまっていくかもしれないですの！

第《だい》2章《しょう》

上手《じょうず》な気《き》持《も》ちの伝《つた》え方《かた》編《へん》

このお花紙《はながみ》で
お花《はな》をあと50個《こ》
いっしょに作《つく》って
ほしいんだ
おはながみ

そ　そうだよね！
よし！
私《わたし》が注意《ちゅうい》してみる！

ケンカしちゃった、仲直《なかなお》りしたい！

〇月《がつ》〇日《にち》
お楽《たの》しみ会《かい》
〈出《だ》し物《もの》〉
つまり この時間《じかん》はお楽《たの》しみ会《かい》でなにをするか決《き》めるべきなのです！
・かけ算《ざん》しりとり
・10マス計算《けいさん》競争《きょうそう》
・四文字熟語《よんもじじゅくご》当《あ》てクイズ
つまり これがボクの案《あん》です
えー
ほぼ勉強《べんきょう》じゃ～ん
つまらな～い
つまり お楽《たの》しみ会《かい》にも学習的要素《がくしゅうてきようそ》を入《い》れるべきなのです！
でも楽《たの》しくなきゃお楽《たの》しみ会《かい》じゃないわよ！
そーよ
フルーツバスケットがいい！
いいねー
ハンカチ落《お》とし！
いいねー
ひぃー
細井《ほそい》くん キミの意見《いけん》は？
ブツブツ
6五桂馬《ごけいま》
7四《よん》…
細井《ほそい》くんは脳内将棋対戦中《のうないしょうぎたいせんちゅう》だよきっと…
…じゃあ筋川《すじかわ》くん！
…！
…！
…

筋《きん》トレ！
ラブアンドピース！ みんなで筋《きん》トレしようぜ！
筋《きん》トレ!?
絶対《ぜったい》イヤ！
もうフルーツバスケットかハンカチ落《お》としのどちらかにしましょうよ！
やだよ！ 勝手《かって》に決《き》めるなよ～
どちらもイ・ヤ・だ！
つまり落《お》ちつくべきでしょう
バチバチ
だったら少《すこ》しはまともな意見《いけん》を出《だ》してよね！
筋《きん》トレなんてありえない！
ラブアンドピースだろうが～！
女子《じょし》の案《あん》却下《きゃっか》～！
ギャー
ハァ!?
細井《ほそい》くんも少《すこ》しは考《かんが》えてよね！
お～こわっ
バタバタ
ばか！
あ～ほ～
このすっとこどっこい！
ギャー
ななみ
ひゃ～しかられる！
言《い》わずにいられずジャジャジャジャーン
「すっとこどっこい」ってどういう意味《いみ》ですの!?
そこかい!?
へ？

ケンカしても だいじょうぶ！

なんでケンカをするのかな？

考《かんが》え方《かた》がちがうと、ケンカになることもある

劇《げき》がいい！
合唱《がっしょう》がいい！
ふ、んっ!!

意見《いけん》がちがうと、否定《ひてい》されたようでかなしくなることもある

ななみって考《かんが》えがワンパターンよね
リカちゃん、私《わたし》のこときらいなのかな
でも、人《ひと》はちがうところがあってあたりまえですの。自分《じぶん》とはちがう考《かんが》えを知《し》ることが、深《ふか》い友《とも》だち関係《かんけい》の始《はじ》まりですの。

仲直《なかなお》り上手《じょうず》になろう！

友《とも》だちのよいところを思《おも》い出《だ》そう

リカちゃんといると、
やっぱり楽《たの》しいもん

プンスカした気持《きも》ちをしずめるためにも、友《とも》だちのよいところや、友《とも》だちとの楽《たの》しかったことを思《おも》い出《だ》してみよう。仲直《なかなお》りしようという勇気《ゆうき》がわいてくるよ。

仲直《なかなお》りは自分《じぶん》から

ピリピリ

ケンカをしたままだと、気持《きも》ちがつかれちゃうよね。思《おも》い切《き》って自《じ》分《ぶん》から仲直《なかなお》りを切《き》り出《だ》せば、友《とも》だちの気持《きも》ちもやわらいで、おたがいにスッキリするよ。

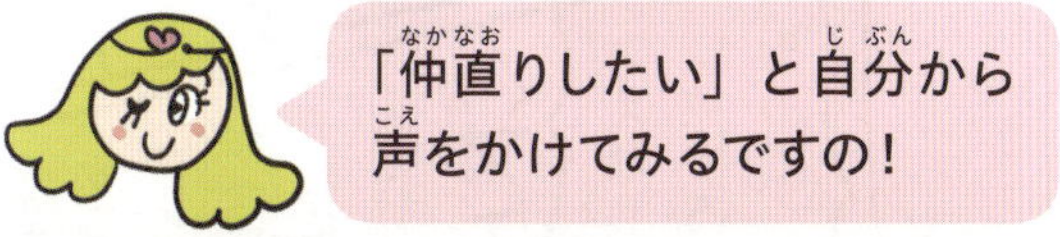
「仲直《なかなお》りしたい」と自分《じぶん》から声《こえ》をかけてみるですの！

ハーティ❤ナモ

上手《じょうず》なあやまり方《かた》

①タイミング
友《とも》だちがひとりでいるときに声《こえ》をかけよう。

②「仲直《なかなお》りしたいんだ」と切《き》り出《だ》す
友《とも》だちも気持《きも》ちの準備《じゅんび》ができるよ。

③すなおにあやまる
自分《じぶん》が悪《わる》かったところは、すなおにあやまろう。

リカちゃん、
さっきは
ごめんね

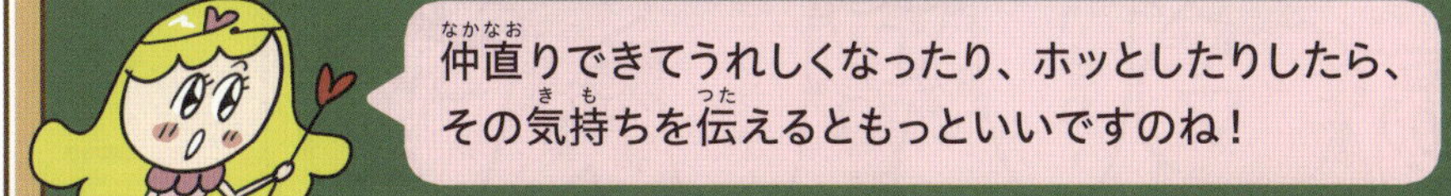
仲直《なかなお》りできてうれしくなったり、ホッとしたりしたら、その気持《きも》ちを伝《つた》えるともっといいですのね！

意《い》見《けん》がくいちがったらどうする？

つまり出《だ》し物《もの》が決《き》められず困《こま》った状況《じょうきょう》でして…
つまり冷静《れいせい》に話《はな》し合《あ》うべきでして…
段《だん》ボール迷路《めいろ》！
わいわい
お笑《わら》いバトル
おもしろい！
コントやろうぜ！
アハハ
いいね
んも～男子《だんし》ってホント子《こ》どもよね～
段《だん》ボール迷路《めいろ》は段《だん》ボールが大量《たいりょう》に必要《ひつよう》よね？ 準備《じゅんび》はいつだれがするの？ お笑《わら》いバトルやコントは中途半端《ちゅうとはんぱ》なものを作《つく》ってもつまらないだけよ！ それに楽《たの》しめるのは一部《いちぶ》の人《ひと》だけだわ！
ズケズケ
考《かんが》えなしに意見《いけん》するのやめてくれる!?
リ リカちゃん言《い》い過《す》ぎ…
ムッカ～
だったら男女別《だんじょべつ》にやろうぜ！
あたふた
あら！ それはいい案《あん》ね～
そーよそーよ
リカちゃん

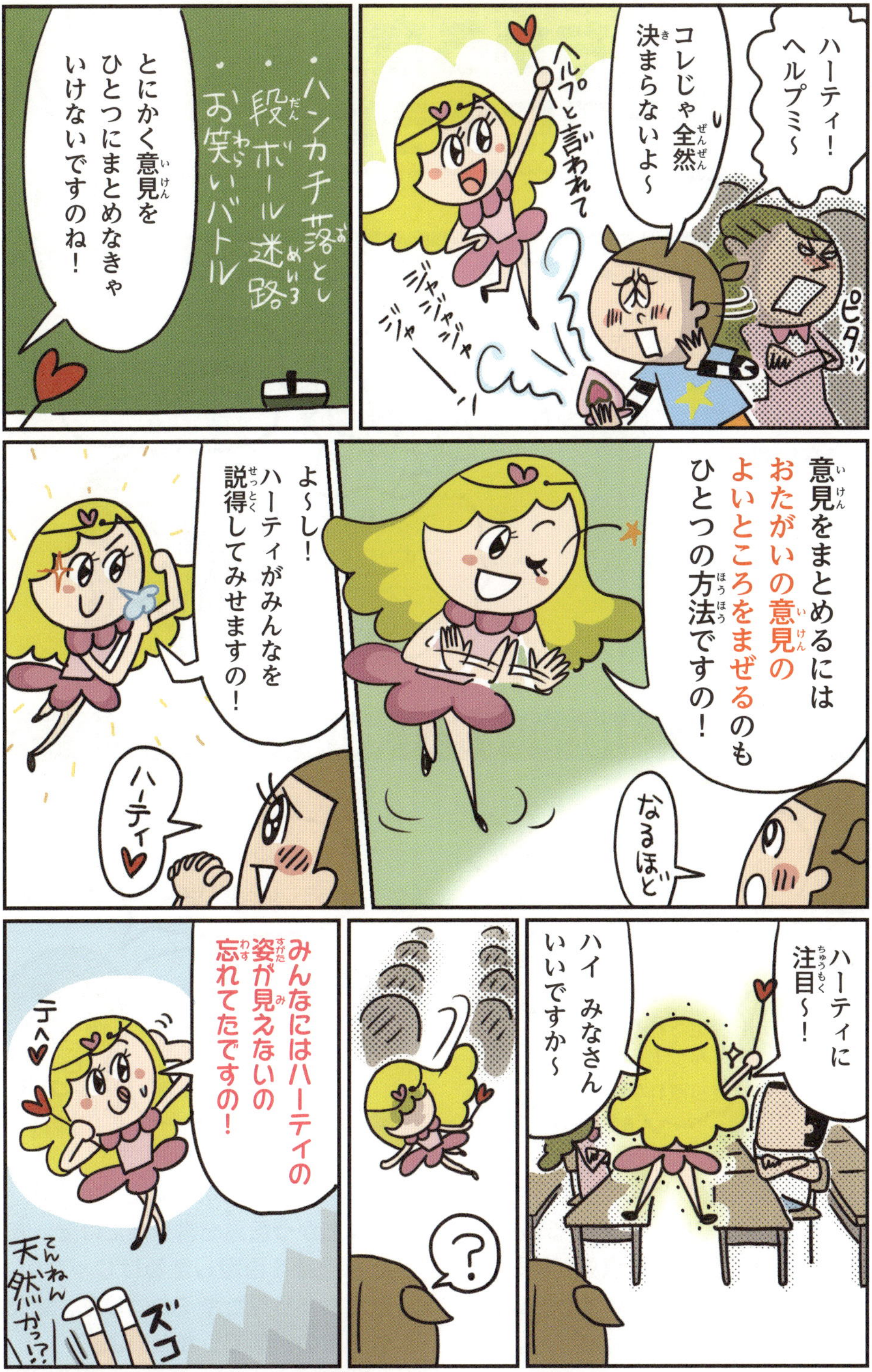
ハーティ！ヘルプミ〜
コレじゃ全然《ぜんぜん》決《き》まらないよ〜
ヘルプと言《い》われて
ジャジャジャジャーー!!
ピタッ
・ハンカチ落《お》とし
・段《だん》ボール迷路《めいろ》
・お笑《わら》いバトル
とにかく意見《いけん》をひとつにまとめなきゃいけないですのね！
意見《いけん》をまとめるにはおたがいの意見《いけん》のよいところをまぜるのもひとつの方法《ほうほう》ですの！
なるほど
よ〜し！ハーティがみんなを説得《せっとく》してみせますの！
ハーティ♥
ハーティに注目《ちゅうもく》〜！
ハイ　みなさんいいですか〜
？
みんなにはハーティの姿《すがた》が見《み》えないの忘《わす》れてたですの！
テヘ♥
天然《てんねん》かっ!?
ズコ

ちがう意見《いけん》を上手《じょうず》に言《い》うには……

どうしてうまく言《い》えないのかな？

ちがう意見《いけん》を言《い》うと、友《とも》だちをきずつけちゃうかな、きらわれちゃうかなと感《かん》じてしまうかもしれないね。

みんなで
コントやろうぜ！
コントなんて
はずかしくて
イヤだけど、
言《い》えない……

「意見《いけん》」＝「その人《ひと》」ではないよ！

コントは
難《むずか》しいと思《おも》います
ガーン
やさしい
吉野《よしの》さんに
否定《ひてい》される
なんて！
立《た》ち直《なお》れない

コントは
難《むずか》しいと思《おも》います
なるほど、
そういう
意見《いけん》も
あるよね

ちがう意見《いけん》を言《い》うと友《とも》だちをきずつけてしまうのではと心配《しんぱい》するのは、「友《とも》だち」と「友《とも》だちの意見《いけん》」を同《おな》じものと考《かんが》えてしまっているから。意《い》見《けん》は、友《とも》だちの一部《いちぶ》でしかないよ！

キミは「友《とも》だちのそのときの意見《いけん》」とはちがう意見《いけん》を言《い》っただけで、友《とも》だち自身《じしん》を否定《ひてい》したわけじゃない。友《とも》だちから見《み》たキミも同《おな》じで、意見《いけん》はキミの一部《いちぶ》でしかないよ。

ちがう意見《いけん》の上手《じょうず》な伝《つた》え方《かた》

① 友《とも》だちの意見《いけん》のよいところを言《い》おう

ちがう意見《いけん》を言《い》う前《まえ》に、友《とも》だちの意見《いけん》のよいところを伝《つた》えよう。よいところを伝《つた》えると、友《とも》だちも「否定《ひてい》された」という気持《きも》ちになりづらいよ。

コントはとても
おもしろいと
思《おも》います

② 友《とも》だちの意見《いけん》についてちがうと思《おも》うところを言《い》う

その友《とも》だち自身《じしん》ではなく、「意見《いけん》」について「ここはちがうと思《おも》う」と伝《つた》えよう。たとえば、頭《あたま》ごなしに「そんな意見《いけん》を言《い》うなんて、おかしいよ」などと言《い》ってしまうと、友《とも》だちとケンカになってしまうかも。

でも、
クラス全員《ぜんいん》で
やるのは難《むずか》しいと
思《おも》うんです

③ 自分《じぶん》の意見《いけん》を言《い》う

「私《わたし》の意見《いけん》は○○です」と大《おお》きな声《こえ》で言《い》えるといいね。いろいろな意見《いけん》があってあたりまえだから、自由《じゆう》に自信《じしん》を持《も》って発言《はつげん》してみよう。

私《わたし》は、
「やりたい人《ひと》がやる」
というのが
いいと思《おも》います

意見《いけん》が対立《たいりつ》しちゃったときは……

「めんどうくさいから多数決《たすうけつ》」で本当《ほんとう》にいい？

意見《いけん》が対立《たいりつ》しておたがいに一歩《いっぽ》もゆずらないときは、多数決《たすうけつ》にしたくなるよね。でも、結果《けっか》が少《すこ》しの差《さ》で決《き》まると、文句《もんく》が出《で》てしまうかも。

わなげのほうが楽《たの》しいと思《おも》います
わたがしやさんがいいと思《おも》います
賛成《さんせい》！
賛成《さんせい》！

たしかにわなげも盛《も》りあがりそう！
ワー
ワー
はい入った！

反対意見《はんたいいけん》はめんどうくさいだけ？

反対意見《はんたいいけん》は、自分《じぶん》の意見《いけん》とはちがうひとつのアイデア。まったく別《べつ》の見方《みかた》があることを教《おし》えてくれる、貴重《きちょう》な意見《いけん》だよ。

両方《りょうほう》の意見《いけん》をとりいれられないか考《かんが》えよう！

両方《りょうほう》の意見《いけん》をくらべてみると、意《い》外《がい》な共通点《きょうつうてん》が見《み》つかることがあるよ。どちらかの意見《いけん》を少《すこ》し変《か》えてみるなど、意見《いけん》をまとめられないか考《かんが》えてみよう。

わなげでわに入《はい》ったら、わたがしをもらえるっていうのはどうかな？

意見《いけん》のまとめ方《かた》のヒント

① 意見《いけん》＋理由《りゆう》を聞《き》く

ひとりずつ意見《いけん》と理由《りゆう》を言《い》ってください

② 意見《いけん》をすべて読《よ》みあげる

わなげ
おばけやしき

③ 質問《しつもん》があるかかくにん

わからないこと、聞《き》きたいことはないですか？

④ ひとつにまとめられる意見《いけん》はまとめる

射的《しゃてき》とわなげの意見《いけん》はまとめられそうですね

⑤ 意見《いけん》の決《き》め方《かた》をかくにん

多数決《たすうけつ》で決《き》めてもいいですか

⑥ いろいろな意見《いけん》が出《で》たことをみとめる

では「わなげ」に決定《けってい》です。たくさんの意見《いけん》が出《で》たおかげで、いいものに決《き》まりましたね

約束《やくそく》をやぶられた！

つまり学級委員《がっきゅういいん》のボクは
クラスの秩序《ちつじょ》を守《まも》るべく
パトロールをしているのです
職員室《しょくいんしつ》
これをよろしくなー
はい
筋川《すじかわ》くんが2カ月《げつ》も本《ほん》を返《かえ》していない!?
図書室《としょしつ》の本《ほん》 返《かえ》していない人《ひと》
つまりボクはそのことに気《き》づけなかったわけで…
ガー
中田《なかた》一郎《いちろう》
一生《いっしょう》の不覚《ふかく》
つまりすぐに〜〜〜で
ブツブツ
4-2
どよ〜ん
ガラッ
筋川《すじかわ》くん つまりすぐに返《かえ》すべきです!
図書室《としょしつ》の本《ほん》
きょとん
お〜〜!!
ラブアンドピース
明日《あした》返《かえ》すよ!
翌日《よくじつ》
ラブアンドピース
筋川《すじかわ》くん 本《ほん》! つまり 返《かえ》す べきです!

あちゃ～
忘《わす》れた！
ボクが今日《きょう》の5時《じ》に筋川《すじかわ》くんの家《いえ》に取《と》りに行《い》きましょう！
お～!!なんてラブアンドピースなんだ
ハートがあついぜ!!
っつまりはなすべきで…
ガシ
カー
カー
4:45
早《はや》く来《き》すぎたけど時間《じかん》は守《まも》るべきなのです
5:00
ピンポーン
あれ？まだかな？
5:15
事故《じこ》にでもあったのだろうか
つまり心配《しんぱい》すべきで…
おぉ!!ラブアンドピース!!
そんなところでどうしたんだい？
せっかくだからいっしょに
筋《きん》トレでも…
や・く・そ・く
ゴー
ゴー

約束《やくそく》をやぶられたら、どんな気持《きも》ちになる？

どんな気持《きも》ちになるか、コンパクトを使《つか》ってみてみよう。

もやもや

私《わたし》よりそっちを
優先《ゆうせん》するのね……

「私《わたし》のことときらいなの？」と不安《ふあん》になったり……。

ムカつく

できない
約束《やくそく》なんて
しなきゃ
いいでしょ！

「うそつくなんてひどい！」と腹《はら》が立《た》ったり……。

ショック

ガーン
私《わたし》って
友《とも》だちじゃ
ないのかな？

「大切《たいせつ》に思《おも》ってくれていない」とショックを受《う》けたり……。

かなしい

リカちゃんに
うらぎられたんだ

「うらぎられた！」とかなしい気持《きも》ちになってしまったり……。

約束《やくそく》をやぶられると、いろんな気持《きも》ちがまざって、かなしくてドンヨリした気分《きぶん》になってしまうですのね。

上手《じょうず》な気持《きも》ちの切《き》りかえ方《かた》

① 理由《りゆう》を聞《き》いてみる

理由《りゆう》がわかれば、すっきりするよ。

② がっかりしたことを伝《つた》える

自分《じぶん》の気持《きも》ちをしっかり伝《つた》えられるといいね。

③ 相手《あいて》の立場《たちば》や状況《じょうきょう》を考《かんが》えてみる

理解《りかい》が深《ふか》まって、気持《きも》ちが切《き》りかえやすくなるよ。

④ あきらめようと自分《じぶん》に言《い》い聞《き》かせる

上手《じょうず》にあきらめられると、前向《まえむ》きになれるよ。

⑤ ほかの楽《たの》しいことをする

楽《たの》しいことをすると、気持《きも》ちの切《き》りかえがしやすいよ。

いつまでも引《ひ》きずって友《とも》だちを責《せ》めてしまうと、関係《かんけい》がギクシャクしてしまうかもですの！　がんばって気持《きも》ちを切《き》りかえるですの！

約束《やくそく》を守《まも》れなくなっちゃったらどうする？

「友《とも》だちとの約束《やくそく》があるのに、用事《ようじ》ができちゃった！」
友《とも》だちにきらわれたくなくて用事《ようじ》をさぼったり、理由《りゆう》を言《い》わないまま約束《やくそく》をすっぽかしてしまったりしていないかな？　本当《ほんとう》にそれでいいと思《おも》う？

理由《りゆう》をはっきりと伝《つた》えないと……

あとで困《こま》る

リカちゃん
おこってる
だろうな

約束《やくそく》をすっぽかしても、用事《ようじ》をさぼって友《とも》だちと遊《あそ》んでも、あとで困《こま》るのはキミ自身《じしん》。

気持《きも》ちがもやもや

はっきりと
理由《りゆう》を伝《つた》えれば
よかった

理由《りゆう》をきちんと説明《せつめい》しないと、気持《きも》ちはスッキリしないまま。

友《とも》だちも心配《しんぱい》

ななみが約束《やくそく》
やぶるなんて、
よっぽどのことが
あったのかしら

理由《りゆう》の説明《せつめい》がないと、友《とも》だちも心配《しんぱい》してしまうよ。

信頼関係《しんらいかんけい》がなくなる

ピリ
ピリ

本当《ほんとう》の友《とも》だちなら、理由《りゆう》を正直《しょうじき》に話《はな》せばわかってくれるはず。

理由《りゆう》の上手《じょうず》な伝《つた》え方《かた》

① 「断《ことわ》りのセリフ」を組《く》み立《た》てる

あやまりの言葉《ことば》 → 理由《りゆう》 → 断《ことわ》りの言葉《ことば》 → 代《か》わりの案《あん》

ごめんね → 家《いえ》の用事《ようじ》で出《で》かけなきゃいけなくなって → 今日《きょう》は遊《あそ》べなくなっちゃった → 明日《あした》ならだいじょうぶなんだけど、遊《あそ》べるかな？

② 「断《ことわ》りのセリフ」を練習《れんしゅう》しておく

うまく言《い》う自信《じしん》がなかったら、口《くち》に出《だ》して練習《れんしゅう》しておくと安心《あんしん》だね。

③ 目《め》を見《み》て、はっきり伝《つた》える

友《とも》だちの目《め》を見《み》ながら、はっきりと聞《き》こえる声《こえ》で「断《ことわ》りのセリフ」を言《い》おう。

「ごめんね」と言《い》うときは、少《すこ》し頭《あたま》をさげてもいいし、表情《ひょうじょう》に「申《もう》し訳《わけ》ない気持《きも》ち」を出《だ》すようにしてもいいですの！

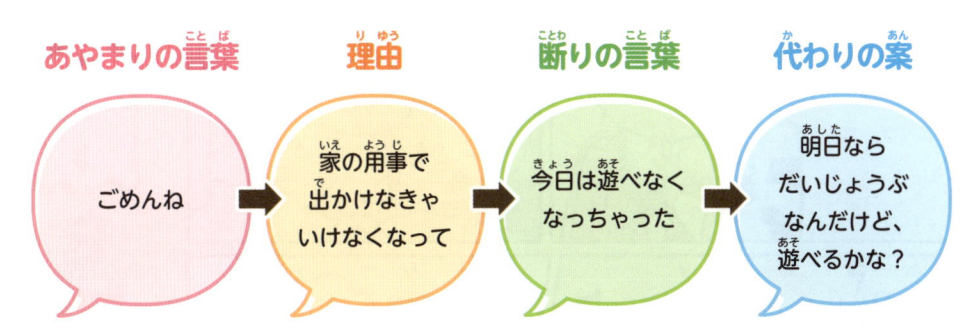

失敗《しっぱい》を笑《わら》われたら

今日《きょう》は学芸会《がくげいかい》の練習《れんしゅう》

あえいうえおあお――

見事《みごと》に主役《しゅやく》を勝《か》ちとった私《わたし》の夢《ゆめ》は

かけきくけこかこ――
うち絶対《ぜったい》に負《ま》けへん！
朝《あさ》ドラ女優《じょゆう》になること
この学芸会《がくげいかい》は夢《ゆめ》への第一歩《だいいっぽ》よ！
ブツブツ
わたしは～～ わたしは～
ペンペン
しーんぱ～いない
ザッ
青木《あおき》さんシーン3からいくよ！
はい！

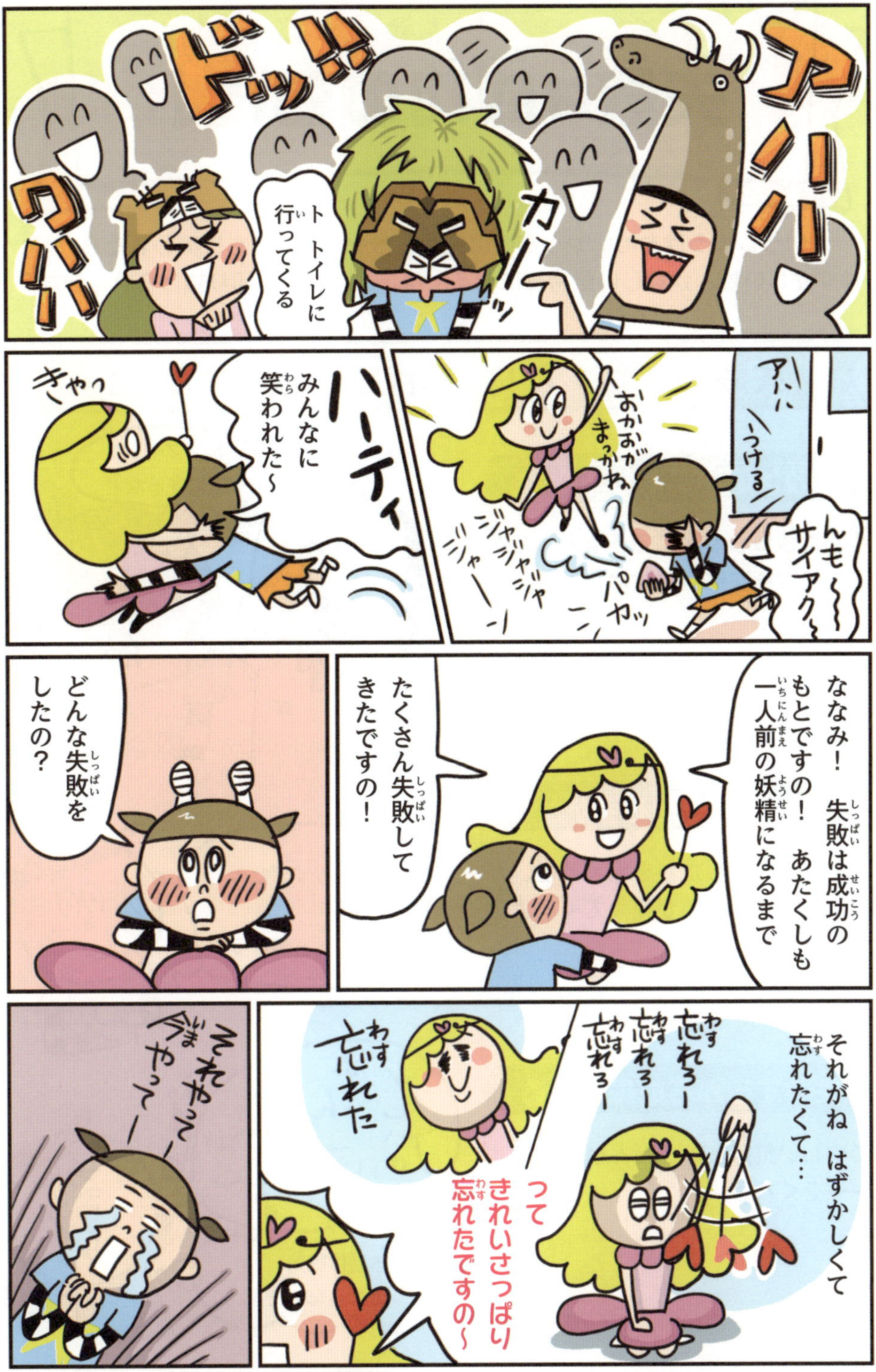
アハハハ
ドッ!!
ワハハハ
カ～ッ
トトイレに行《い》ってくる
アーハハ
うける
おかおがまっかね
ジャジャジャジャー
パカッ
んも～～サイアク～
きゃっ
ハーティ
みんなに笑《わら》われた～
ななみ! 失敗《しっぱい》は成功《せいこう》のもとですの! あたくしも一人前《いちにんまえ》の妖精《ようせい》になるまで
たくさん失敗《しっぱい》してきたですの!
どんな失敗《しっぱい》をしたの?
それがね はずかしくて… 忘《わす》れたくて…
忘《わす》れろー 忘《わす》れろー 忘《わす》れろー
忘《わす》れた
って きれいさっぱり 忘《わす》れたですの～
それやって 今《いま》やって―

失敗《しっぱい》は成功《せいこう》のもと！

いっしょうけんめいやったのに失敗《しっぱい》しちゃって友《とも》だちに笑《わら》われたら、はずかしいし、かなしい気持《きも》ちになるよね。どうしたら切《き》り抜《ぬ》けられるかな？

失敗《しっぱい》はチャンス！　気持《きも》ちを切《き》りかえよう

失敗《しっぱい》は悪《わる》いことじゃない

今回《こんかい》はじゅうぶんにできなかっただけ。失敗《しっぱい》を次《つぎ》にいかせばだいじょうぶだよ。

ドンマイ！
気《き》にするな!!

失敗《しっぱい》は自分《じぶん》を知《し》る手《て》がかり

どうして失敗《しっぱい》したかを考《かんが》えると、がんばるべきところが見《み》えてくるよ。

力《ちから》が入《はい》りすぎたのかも？もっと落《お》ち着《つ》こう

失敗《しっぱい》するから成長《せいちょう》できる

くやしい気持《きも》ちが、がんばるエネルギーをくれるよ。

し～んぱぁ～いないさぁ～～
本番《ほんばん》は絶対《ぜったい》ミスらないぞ！

気持《きも》ちの上手《じょうず》な切《き》りかえ方《かた》

① 深呼吸《しんこきゅう》する

スー
ハー

おなかからゆっくり息《いき》を吐《は》いて、ゆっくり吸《す》うをくり返《かえ》すと気持《きも》ちが落《お》ち着《つ》くよ。

② 「ドンマイ」と自分《じぶん》に言《い》う

ドンマイ！
こんなときもあるよね
ま、いっか！
次《つぎ》がんばろう

「ドンマイ」「こんなときもある」「しょうがない」などと自分《じぶん》に言《い》い聞《き》かせよう。

③ 自分《じぶん》の長所《ちょうしょ》を3つ思《おも》い出《だ》す

ごはんをよく食《た》べて、明《あか》るい性格《せいかく》で、スイミングが得意《とくい》！

失敗《しっぱい》すると自信《じしん》をなくしてしまいがちだから、自分《じぶん》のよいところを思《おも》い出《だ》してみて！

④ 「失敗《しっぱい》しちゃった」と言《い》ってみる

失敗《しっぱい》しちゃった！
アハハー
テヘ

友《とも》だちに「失敗《しっぱい》しちゃった」と声《こえ》に出《だ》して言《い》うと、ふんいきが和《なご》んで気《き》持《も》ちが楽《らく》になるよ。

チャレンジしたからこそ、失敗《しっぱい》があるんですの。だから、まずはチャレンジできた自分《じぶん》をほめてほしいですの！

友《とも》だちに助《たす》けてほしい！

ラブミー！
♪ラブミーラブミー
ベーイビー♪
かわいかったね～
AQB48《エーキュービー》
ステーン
ゴキッ
痛《いた》～～い
あたふた
あせって
呼《よ》ばれて
ジャジャジャジャーン
ハーティ
どうしよう
あそこにいる細井《ほそい》くんに助《たす》けてもらえばいいですの！
そっかそうだね～！！
細井《ほそい》くん
ちょっと助《たす》けてー！

んも～集中《しゅうちゅう》して聞《き》こえてないんだ！
細井《ほそい》くん！リカちゃんがケガしたからちょっと助《たす》けて！
ドン
あぁ 青木《あおき》さん この手《て》どう思《おも》う？
ん？
ほほ～
う～ん…よくわからないけど
さすが細井九段《ほそいくだん》ですな！
昨日《きのう》羽部名人《はべめいじん》がやってたワザなんだ！
ヌオ～～ さすが羽部名人《はべめいじん》
神《かみ》ってますね～
うん
棋神降臨《きしんこうりん》しちゃってるね！
500年早《ねんはや》いよ！
私《わたし》にも将棋《しょうぎ》の神様《かみさま》降《お》りてこないかな～
え
キャッキャッ
あの～…足痛《あしいた》いんですけど～
もしも～し へ～ル～プ～ミ～
花田《はなだ》さん！
だいじょうぶ!?
つまりすぐに保健室《ほけんしつ》へ行《い》くべきです
えっわっ！あ ありがとう
中田《なかた》くんって見《み》かけによらず 力持《ちからも》ちなのね
ドキッ
ギャー 中田《なかた》くん 鼻血《はなぢ》!!

クイズ

助《たす》けてほしいときはどうする？

お楽《たの》しみ会《かい》のかざりつけが間《ま》に合《あ》わないかも！
友《とも》だちに助《たす》けてほしいけど、どうしたらいい？

① あきらめる

みんなもやることが
あるし、言《い》いづらい

言《い》いづらいから、ひとりでがんばろう……。

② まわりを責《せ》める

なんで私《わたし》ひとりでやら
なきゃいけないのよ！

困《こま》っているのだから、だれかが私《わたし》を助《たす》けるべき！

③ 命《めい》令《れい》する

よし子《こ》ちゃん、明日《あした》ま
でにやっておいてね！

大《おお》きな声《こえ》で命令《めいれい》しちゃえ！

④ 友《とも》だちにやさしい口《く》調《ちょう》でお願《ねが》いする

手伝《てつだ》ってもらえる
かな？

「助《たす》けてほしい」とやさしく口《くち》に出《だ》してみよう。

答《こた》えは ④ 友《とも》だちにやさしい口《く》調《ちょう》でお願《ねが》いする

まずは、困《こま》っている、助《たす》けてほしいとはっきり言《い》おう。やさしい言葉《ことば》で助《たす》けを求《もと》めると、友《とも》だちは気《き》持《も》ちよく手《て》を貸《か》してくれるはずだよ。

気持《きも》ちよく助《たす》けてもらうには？

① 名前《なまえ》を呼《よ》びかける

よし子《こ》ちゃん
ちょっといいかな？

困《こま》っていることに気《き》づいてもらえるように、名前《なまえ》を呼《よ》びかけよう！

② 理由《りゆう》を話《はな》す

まだかざりの
数《かず》が足《た》りないんだ

助《たす》けてほしい理由《りゆう》がわかると、友《とも》だちも助《たす》けやすいよ。

③ お願《ねが》いしたい内容《ないよう》を伝《つた》える

このお花紙《はながみ》で
お花《はな》をあと 50 個《こ》
いっしょに作《つく》って
ほしいんだ
おはながみ

なにをどのくらい助《たす》けてほしいのか、具体的《ぐたいてき》に伝《つた》えよう。

④ どれほど助《たす》かるか具体的《ぐたいてき》に伝《つた》える

ありがとう！
これで下校《げこう》の時間《じかん》に
間《ま》に合《あ》いそう

どのくらい助《たす》かるか伝《つた》わると、友《とも》だちの「助《たす》けたい」気持《きも》ちが高《たか》まるよ。

困《こま》ったときに助《たす》け合《あ》えると、友《とも》だちとの関係《かんけい》がより深《ふか》まるですの！

困《こま》っている友《とも》だちがいたらどうする？

困《こま》っている友《とも》だちに「手伝《てつだ》うよ」と言《い》っても、もしかしたら断《ことわ》られてしまうかもしれない。でも言《い》い出《だ》さないほうがもやもやしないかな？
気軽《きがる》に「手伝《てつだ》うよ」と伝《つた》えられるといいね。

助《たす》けたい気持《きも》ちを上手《じょうず》に伝《つた》えるには……

① 友《とも》だちに近《ちか》づく

困《こま》っていそうな友《とも》だちがいたら、あれこれ考《かんが》えずに、友《とも》だちに近《ちか》づいて声《こえ》をかけよう！

中田《なかた》くん

② 「手伝《てつだ》おうか」とたずねる

「手伝《てつだ》ってもらうか」を決《き》めるのは友《とも》だちなので、まずは「手伝《てつだ》おうか？」と声《こえ》をかけてみよう。

大変《たいへん》そうだね
手伝《てつだ》おうか？
ありがとう！
助《たす》かるよ

③ 断《ことわ》られても気《き》にしない！

断《ことわ》られたら少《すこ》しショックかもしれないけど、手伝《てつだ》おうかと伝《つた》えられたことが一番大事《いちばんだいじ》！

ありがとう！
でももう
おわるから
だいじょうぶ！
そっか
がんばってね！

コラム

ひょっとして友《とも》だちが悩《なや》んでいる!? どうしたらいい？

1 質問《しつもん》してみる

悩《なや》みを自分《じぶん》から話《はな》すのは大変《たいへん》だから、「どうしたの？」「なにかあったの？」と質問《しつもん》をしてみよう。

2 あいづちを打《う》ちながら聞《き》く

悩《なや》みを話《はな》してくれているときは、あいづちを打《う》つと、しんけんに聞《き》いていることが伝《つた》わるよ。

3 話《はなし》をさえぎらない

自分《じぶん》の話《はなし》もしたくなるけど、ぐっとガマン。今《いま》は友《とも》だちの悩《なや》みを聞《き》くときだよ。

4 話《はなし》がひと区切《くぎ》りしたら、質問《しつもん》する

くわしく知《し》りたいことを質問《しつもん》すると、もっと聞《き》きたいというメッセージにもなるよ。

5 「そうだったんだね」と共感《きょうかん》する

話《はなし》がおわったら、「そうだったんだね」と悩《なや》みを受《う》けとめてあげると、友《とも》だちは落《お》ち着《つ》くよ。

6 できることがあるかたずねる

なにかできることがあるか、たずねてみよう。友《とも》だちがしてほしいことをするのが大切《たいせつ》。

友《とも》だちの話《はなし》をしんけんに聞《き》けば、友《とも》だちの気持《きも》ちが理解《りかい》できて、自分《じぶん》がなにをしたらよいかがわかってくるですの。

友《とも》だちに注《ちゅう》意《い》したい

ラブアンドピ~ス♪
イエイ イエイ
ラブアンドピ~ス♪
そうじ中《ちゅう》だけど 筋川《すじかわ》くんていい声《こえ》だな~
筋川《すじかわ》くんってさ~
調子《ちょうし》よくそうじサボってない？
そっ そうだね
まったく子どもね
ななみ
ひとこと言《い》わせて
ジャジャジャジャジャジャー！
ときには友《とも》だちに注意《ちゅうい》しなきゃいけないときもありますの！
そ そうだよね！
よし！私《わたし》が注意《ちゅうい》してみる！

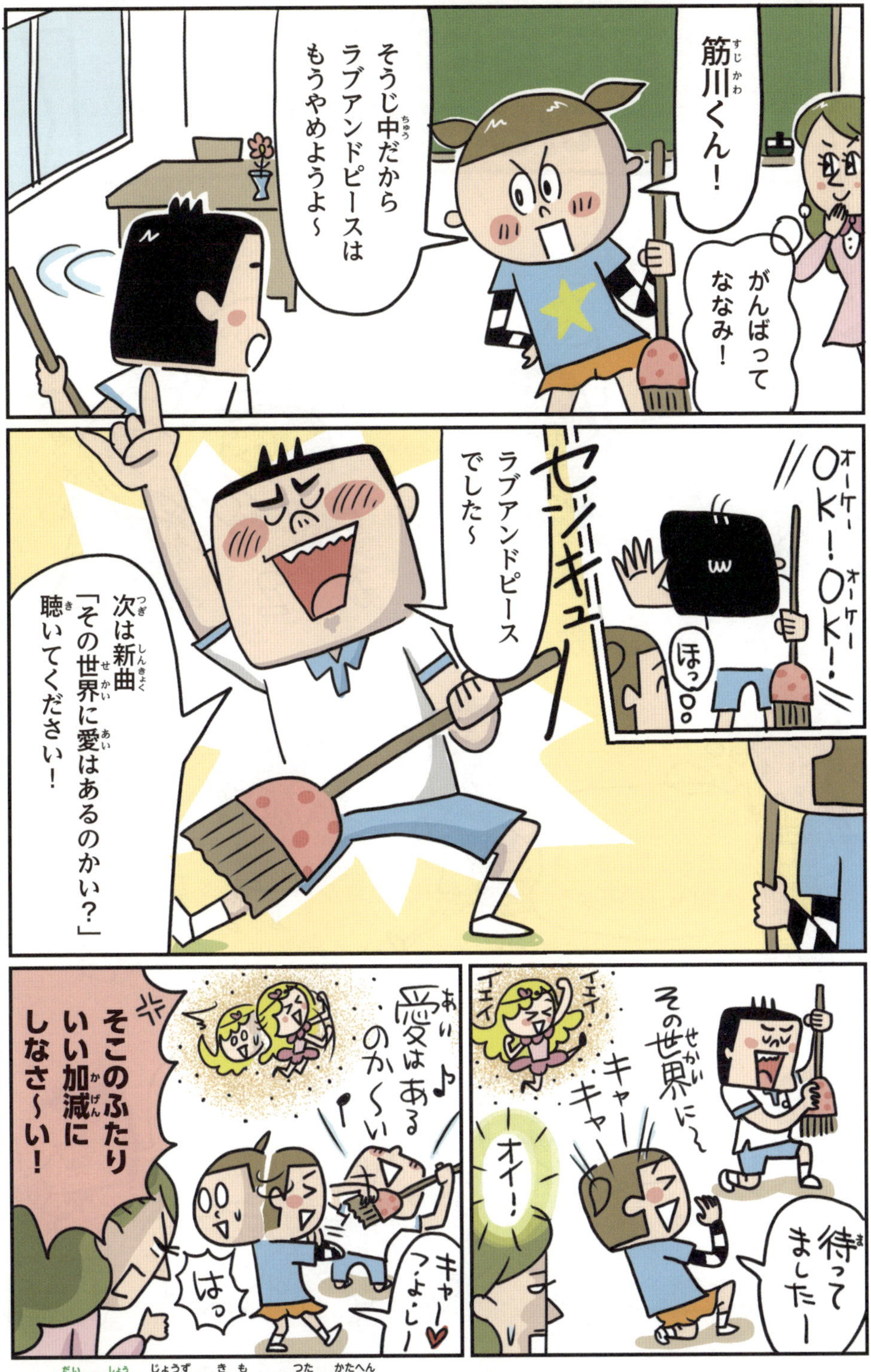
筋川《すじかわ》くん！
がんばって ななみ！
そうじ中《ちゅう》だから ラブアンドピースは もうやめようよ～
OK《オーケー》！OK《オーケー》！
ほっ。
センキュー
ラブアンドピース でした～
次《つぎ》は新曲《しんきょく》「その世界《せかい》に愛《あい》はあるのかい？」聴《き》いてください！
イエイ イエイ
その世界《せかい》に～
キャーキャー
オイ！
待《ま》ってましたー
愛《あい》はあるのか～い
キャーつ・よ・しー
はっ
そこのふたり いい加減《かげん》にしなさ～い！

友《とも》だちに注意《ちゅうい》してみようかな？

ななみの場合《ばあい》

筋川《すじかわ》くん、ちゃんとそうじやってよ！
ラブアンド
ピ～ス
青木《あおき》さんもいっしょにうたおうぜ！
あ……こんなハズでは……

よし子《こ》の場合《ばあい》

注意《ちゅうい》したほうがいいんだろうな。でも言《い》えない。どうしよう
ラ～ブ

一郎《いちろう》の場合《ばあい》

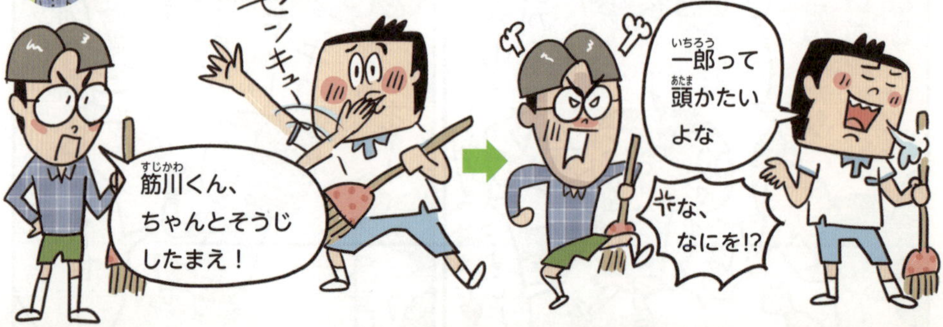
筋川《すじかわ》くん、ちゃんとそうじしたまえ！
センキュー
一郎《いちろう》って頭《あたま》かたいよな
な、なにを!?

上手《じょうず》な注意《ちゅうい》の仕方《しかた》

① 命令口調《めいれいくちょう》で言《い》わない！

命令口調《めいれいくちょう》で注意《ちゅうい》すると、反発《はんぱつ》されて聞《き》き入《い》れてもらえないこともあるよ。

② ルールを伝《つた》えよう

命令口調《めいれいくちょう》のかわりにルールを伝《つた》えよう。ルールは、みんなが気持《きも》ちよくすごすためにあるよ。

③ 「いっしょにやろう！」と伝《つた》える

「いっしょに」という気持《きも》ちで言《い》うと、友《とも》だちも素直《すなお》になれるかも。

NG
さぼらないで、ちゃんとそうじしなさいよ!!
キミにはユーモアがなさすぎる！

OK
いっしょにそうじしてから歌《うた》を聞《き》かせて〜
OK《オーケー》！
ステージはあとでにしよう

友《とも》だちに注意《ちゅうい》をするのって勇気《ゆうき》が必要《ひつよう》ですのね。でも、注意《ちゅうい》することはまちがっていないですの。「きっとうまくいく」と自分《じぶん》に言《い》い聞《き》かせながら、このページの上手《じょうず》な注意《ちゅうい》の仕方《しかた》を参考《さんこう》にして伝《つた》えてみてほしいですの！

さそいを上手《じょうず》に断《ことわ》りたい

今度《こんど》の日曜日《にちようび》は
録《と》りためていた朝《あさ》ドラをのんびり見《み》るんだ〜
ムサシさんのバカ！
ななみ！金星美術館《きんぼしびじゅつかん》でピカリの展示《てんじ》をやってるんだけど
チケットをもらったから今度《こんど》の日曜日《にちようび》にいっしょに行《い》こうよ！
えっ 楽《たの》しそう！でも今度《こんど》の日曜日《にちようび》は…
(昼休《ひるやす》み)
青木《あおき》さん 今度《こんど》の日曜日《にちようび》藤井三段《ふじいさんだん》のトークショーがあるんだ
勉強《べんきょう》になるから予定《よてい》を空《あ》けておくように！
えっ 楽《たの》しそう！でも今度《こんど》の日曜日《にちようび》は…

青木《あおき》さんつまり学芸会《がくげいかい》ですが主役《しゅやく》としてもっと練習《れんしゅう》をすべきです
今度《こんど》の日曜日《にちようび》に学校《がっこう》で練習《れんしゅう》をしましょう!
あっ そうだね でも今度《こんど》の日曜日《にちようび》は…
あれ?なんか私《わたし》
モテ期《き》!
ってちがうちがう
日曜日《にちようび》は自由《じゆう》に過《す》ごしたいんだった!
テヘペロ
ハーティ~ どうしたらうまく断《ことわ》れるかな~?
モテ女子《じょし》がおよびよ~なーんて
あきれてとびでて
ジャジャジャジャーン
モテ期《き》じゃないですの!!
ちゃんと断《ことわ》らないと失礼《しつれい》ですの!
ひぃー
ごめ~ん

なんで断《ことわ》りづらいんだろう？

悪《わる》いさそいをうけた！ でも、きらわれたくない！

悪《わる》いさそいをうけたとき、悪《わる》いこととはわかっていても、友《とも》だちがせっかく自分《じぶん》をさそってくれたのだから「断《ことわ》りづらい」と感《かん》じることがあるよ。

学校《がっこう》で
ななみ、有名《ゆうめい》なマカロン食《た》べよう！
断《ことわ》りたいけどきらわれちゃうかな
学校《がっこう》に持《も》ってきちゃダメだよね？

きっぱり断《ことわ》れると……

NO《ノー》！

① 悪《わる》いことをしないで済《す》む！

ルールいはんをしてしまうと、ずっともやもやしてしまうかも。

② 悪《わる》いさそいがなくなる

最初《さいしょ》にきっぱり断《ことわ》っておくと、そのあとはさそいがなくなるかもしれないよ。

③ 友《とも》だちの考《かんが》えが変《か》わるかも

友《とも》だちも「悪《わる》いことなんだ」と気《き》がついてくれるかもしれないよ。

④ 自分《じぶん》に自信《じしん》がつく！

きっぱり断《ことわ》るには勇気《ゆうき》が必要《ひつよう》。それができたら自分《じぶん》に自信《じしん》がつくね。

上手《じょうず》な断《ことわ》り方《かた》

1 きっぱり断《ことわ》る

いっしょに食《た》べよー
私《わたし》はいいや
きっぱり

迷《まよ》わずにきっぱり断《ことわ》れれば、第一段《だいいちだん》階《かい》クリア！

2 理由《りゆう》も話《はな》す

「学校《がっこう》でおかしはダメ」というルールを守《まも》りたいんだ

「ルールを守《まも》りたい」というキミの気持《きも》ちを素直《すなお》に伝《つた》えよう。

3 代《か》わりの案《あん》を言《い》う

でも、今度《こんど》リカちゃんの家《いえ》で食《た》べたいな

「今《いま》はダメだけど、家《いえ》でならOK《オーケー》」など、代《か》わりの案《あん》があるといいね。

4 友《とも》だちの目《め》を見《み》てはっきりと

NO

自信《じしん》がなさそうな態度《たいど》だと、友《とも》だちはもっと強《つよ》くさそってくるかも。

「きらわれたくないから」と悪《わる》いさそいにのってしまうと、心《こころ》が苦《くる》しくなってしまうですの！

さそいを断《ことわ》られちゃった……

コンパクトを使《つか》うですの！

勇気《ゆうき》を出《だ》して友《とも》だちをさそったとき、断《ことわ》られたらどんな気持《きも》ちになるか、考《かんが》えてみよう。

どんな気持《きも》ちになる？

がっかり

がっかりだなあ
ゴメンネ！
OK《オーケー》！
チケット

ショック

ゴメ〜ン！！
勇気《ゆうき》を出《だ》してさそったのに

断《ことわ》った理由《りゆう》がわからないと……

もやもやする

悪《わる》いね
私《わたし》のこと、きらいなのかな？
しゅん

理由《りゆう》がわかれば、「それなら仕《し》方《かた》ないな」と思《おも》えるけど、もし理由《りゆう》も言《い》われずに断《ことわ》られると、「自分《じぶん》のことがきらいなのかな」と感《かん》じてしまって、もやもやするですのね。

断《ことわ》られても深《ふか》く考《かんが》えないで！

まずは理由《りゆう》を確認《かくにん》しよう

どうして断《ことわ》られたかわからないときは、まずは理由《りゆう》をたずねてみて。理《り》由《ゆう》がわかれば、気持《きも》ちが落《お》ち着《つ》くこともあるよ。

なにか用事《ようじ》があるの？

気持《きも》ちの切《き》りかえ方《かた》

① ほかの友《とも》だちをさそってみる

よし子《こ》ちゃん、将棋《しょうぎ》のイベント行《い》ってみない？

ほかの友《とも》だちともきっと楽《たの》しい時間《じかん》を過《す》ごせるよ！

② ほかの日《ひ》にさそってみる

土曜日《どようび》もやってるみたいなんだけど〜

もしさそった日以外《ひいがい》でもよければ、提案《ていあん》してみては？

用事《ようじ》があるだけじゃなくて、たまたまその日《ひ》は友《とも》だちの気分《きぶん》がのらないという場合《ばあい》もあるですの。断《ことわ》られても深《ふか》く考《かんが》えすぎないで、楽《たの》しく過《す》ごせる方法《ほうほう》を考《かんが》えてみてほしいですの！

悪《わる》口《ぐち》を言《い》われちゃった

日曜日《にちようび》の美術館《びじゅつかん》だけど
時間《じかん》はどうする?
え!?
断《ことわ》ったつもりだったけど…
青木《あおき》さん　日曜日《にちようび》のトークショーは2時《じ》からだからね
え!?
断《ことわ》ったつもりだったけど…
青木《あおき》さん　つまり　日曜日《にちようび》の劇《げき》の練習《れんしゅう》の件《けん》ですが…
え!?
断《ことわ》ったつもりだったけど…
日曜日《にちようび》は私《わたし》と美術館《びじゅつかん》でしょ!
え?
トークショーは?
劇《げき》の練習《れんしゅう》は?

いったいどの約束《やくそく》を守《まも》るつもり!?
ひぃ〜
ななみって優柔不断《ゆうじゅうふだん》だよね
その決断力《けつだんりょく》のなさ将棋《しょうぎ》に向《む》いてないよ
女優《じょゆう》になりたい気持《きも》ちもウソなんだね!
ごめーん
ハ〜ティ〜
私《わたし》 みんなにきらわれちゃったよ〜
泣《な》いてよばれて
ジャジャジャジャジャーン!
ハーティ〜
あたくしにもひと言《こと》言《い》わせてほしいですの!
日曜日《にちようび》はあたくしとパンダを見《み》に行《い》く約束《やくそく》をしていたですの!
ぎょめ〜ん

悪口《わるぐち》を言《い》われたら、どんな気《き》持《も》ちになる？

悪口《わるぐち》を言《い》われたら、心《こころ》がきずつくし、とてもつらい気持《きも》ちになるですのね。

がっかり

ガーン
そんなこと思《おも》われてたんだ…

ムカつく！

あんなこと言《い》うなんて、ひどすぎる！

くやしい

言《い》い返《かえ》したい！

かなしい

ショックだ…

もやもや

私《わたし》のこときらいなのかな

もうイヤだ

私《わたし》なんてどうせ……

悪口《わるぐち》を言《い》われても自分《じぶん》の味方《みかた》でいよう！

「だいじょうぶ」と自分《じぶん》に言《い》い聞《き》かせる

だれだって、悪口《わるぐち》を言《い》われたらかなしくてイヤな気持《きも》ちになるよね。でも、つらいときこそ、自分《じぶん》だけは自分《じぶん》の味方《みかた》でいよう。「だいじょうぶ！」と自分《じぶん》に言《い》い聞《き》かせてみて！

だいじょうぶだよ!!

スー
ハー

気持《きも》ちを落《お》ち着《つ》ける

ショックな気持《きも》ちだけじゃなくて、腹《はら》が立《た》ってくることもあるよね。でも、いかりの感情《かんじょう》をぶつけてもケンカになるだけ。深呼吸《しんこきゅう》して気持《きも》ちを落《お》ち着《つ》けよう。

勇気《ゆうき》を出《だ》して「やめて」と伝《つた》える

なにも言《い》わないと悪口《わるぐち》は続《つづ》いてしまうよ。自分《じぶん》を信《しん》じてちょっとずつパワーをためたら、勇気《ゆうき》を出《だ》して友《とも》だちに「やめて！」と言《い》ってみよう。勇気《ゆうき》が出《で》ないときは、「勇気《ゆうき》を出《だ》そう」「だいじょうぶ」などと、自分《じぶん》に言《い》い聞《き》かせてみて。

パワーのため方《かた》
勇気《ゆうき》を出《だ》そう！
がんばれ！
だいじょうぶ

「やめて！」の上手《じょうず》な伝《つた》え方《かた》

「やめて」と言《い》うには勇気《ゆうき》が必要《ひつよう》だよね。でも、キミはまちがっていないのだから、がんばって言《い》ってみよう。言葉《ことば》ではっきり伝《つた》えることが大切《たいせつ》だよ。

① 「悪口《わるぐち》はやめて！」とはっきり言《い》おう

相手《あいて》の目《め》を見《み》て、できるだけ落《お》ち着《つ》いて言《い》おう。「やめろ」と命令口調《めいれいくちょう》ではなく、「やめてほしい」とお願《ねが》いする言《い》い方《かた》にすれば、ケンカになりにくいよ。

悪口《わるぐち》は
やめてほしいな

② 友《とも》だちを責《せ》めずに気持《きも》ちを伝《つた》える

「○○くんはいけない人《ひと》だ！」などと友《とも》だちを責《せ》めると、ケンカになっちゃうかも。だから、自分《じぶん》がどれだけきずついたか、自分《じぶん》の気持《きも》ちを伝《つた》えるようにしてね。

かげでそんなこと
言《い》われると、
すごくかなしいんだ

どうしても自分《じぶん》で「やめて！」と言《い》えなかったり、言《い》っても友《とも》だちの悪口《わるぐち》がおさまらなかったりして、どうしたらいいかわからないときは、まわりの大人《おとな》に相談《そうだん》してほしいですの。

親《おや》

先生《せんせい》

第《だい》3章《しょう》

もっと仲《なか》よくなりたい編《へん》

なにかあったの？
うん！
あのね～

いいか中田《なかた》くん
キミは「歩《ふ》」だ！
非力《ひりき》な「歩《ふ》」！
でも
ときと場合《ばあい》によっては
「金《きん》」にも勝《まさ》るすごい
やつになれるのさ！

苦手《にがて》な子《こ》とグループになっちゃった!

これから社会科《しゃかいか》見学《けんがく》の班分《はんわ》けをします!
くじ引《び》きで決《き》めるぞ~
リカちゃんといっしょがいいな
細井《ほそい》くんも♡
グループ行動《こうどう》って苦手《にがて》なのよね
話《はな》せる人《ひと》といっしょになれるかな
バスの中《なか》では将棋《しょうぎ》の手《て》を考《かんが》えよう
花田《はなだ》さんと…
くじ引《び》き!?ラブアンドピースじゃないな~!みんなで仲《なか》よくやろうぜ!!

A班《はん》
よろしく〜
中田《なかた》くんとか〜
花田《はなだ》さんは筋川《すじかわ》くんとか
ラブアンドピースな旅《たび》にしようぜ！
さわがしくしないでよね！
B班《はん》
よろしく
C班《はん》
将棋《しょうぎ》に集中《しゅうちゅう》できそうだ
話《はな》したことないよ〜
中田《なかた》くんといっしょでよかったですの！
えーなんで!?
もしやハーティ中田《なかた》くん推《お》し!?
じつはこのステッキには未来《みらい》をうつす力《ちから》が！
ふと中田《なかた》くんをうつしたら…
筋川《すじかわ》くん
30年《ねん》後《ご》
ビッグ
Big
内閣《ないかく》総《そう》理《り》大臣《だいじん》
ビッグ
Big
超《ちょう》ビッグになりますのー
どこが好《す》きなの？
オーラ！
彼《かれ》からビッグなオーラが出《で》てますの〜
一郎《いちろう》LOVE《ラブ》
オーラ!?

苦手《にがて》な人《ひと》がいても だいじょうぶ！

学校《がっこう》では、仲《なか》のよい友《とも》だちとだけ行動《こうどう》できるわけじゃないよね。
どうしたら、苦手《にがて》な人《ひと》と協力《きょうりょく》しあえるか、考《かんが》えてみよう。

その人《ひと》のこと、本当《ほんとう》に苦手《にがて》？

その子《こ》のこと、本当《ほんとう》に知《し》ってる？

時間《じかん》は守《まも》るように！
中田《なかた》くんってまじめすぎてメンドクサイ

見《み》た目《め》の印象《いんしょう》や、１回《かい》の出来事《できごと》で決《き》めつけていないかな？

案外気《あんがいき》が合《あ》うかも

集合《しゅうごう》～
中田《なかた》くんがいると、たしかに話《はなし》がまとまるなぁ

いっしょに活動《かつどう》してみたら、案外気《あんがいき》の合《あ》うところが見《み》つかるかも！

「苦手《にがて》」は自分《じぶん》を成長《せいちょう》させてくれるよ

自分《じぶん》の心《こころ》がわかる

私《わたし》って適当《てきとう》なのかな
大《おお》らかというか……

どんな人《ひと》を「苦手《にがて》」と感《かん》じるかで、自分《じぶん》の心《こころ》がわかってくるよ。

大人《おとな》になるための練習《れんしゅう》

こことここはこうして～
細《こま》かっ
はい！

大人《おとな》になってからは、苦手《にがて》な人《ひと》と活動《かつどう》しなきゃいけないこともあるよ。

親《した》しくなる方法《ほうほう》は、いろいろあるよ

① 「よし、やろう」と言《い》い聞《き》かせる

よし やろう
よし やろう
よし やろう

心《こころ》の中《なか》で、自分《じぶん》に「よし、やろう」と声《こえ》をかけてみると、気持《きも》ちが変《か》わるよ。

② 笑顔《えがお》で「よろしくね」

中田《なかた》くん
よろしくね！

自分《じぶん》から笑顔《えがお》で「よろしく」と言《い》うと、おたがいの気持《きも》ちがほぐれるよ。

③ 自分《じぶん》のことを話《はな》してみる

朝《あさ》ドラが好《す》き！
水泳《すいえい》が得意《とくい》です
将棋《しょうぎ》に興味《きょうみ》があります
音楽《おんがく》が苦手《にがて》！

相手《あいて》に自分《じぶん》のことを知《し》ってもらえると、おたがいの理解《りかい》が進《すす》んできょりがちぢまるね。

④ 質問《しつもん》をしてみる

中田《なかた》くんは何《なに》が好《す》きなの？
得意《とくい》なことは？

どんな人《ひと》か知《し》ることができると、苦手《にがて》な気持《きも》ちがやわらぐかもしれないよ。

⑤ 友《とも》だちが自分《じぶん》をどう思《おも》っているか想像《そうぞう》してみる

中田《なかた》くん私《わたし》のことどう思《おも》ってるのかな

友《とも》だちの立場《たちば》で考《かんが》えると、友《とも》だちの気《き》になる言葉《ことば》や態度《たいど》の理由《りゆう》がわかるかもしれないよ。

最初《さいしょ》は「苦手《にがて》」と思《おも》っていても、その人《ひと》の知《し》らなかった面《めん》がわかると、「苦手《にがて》」じゃなくなるかもしれないですの！

ひとりでいる子《こ》に声《こえ》をかけたい！

ばいば〜い
ラブアンドピ〜ス♪ イェイイェイ
あっ！よし子《こ》ちゃん
いつもひとりだよね 声《こえ》かけてみようかな
えっ 家《いえ》はたしかまっすぐのはず…
どこへ行《い》くんだろう
あとをつけてみますの！
気《き》になりとび出《で》て
ジャジャジャジャジャーン！
サッ
ササッ
？

いないか～
なんのワナだろう？
ヌァッ！
これはツチノコの痕跡《こんせき》では!?
伝説《でんせつ》の生《い》き物《もの》
ツチノコ
ガサガサ
うぬぬ
じー
ツチノコ
パラパラ
まちがいない！ツチノコの痕跡《こんせき》だわ！
ヌオォォォ
この先《さき》にいるのでは!?
消《き》えた…
くぅ～
でも土《つち》はゲットなのだ！
よし子《こ》ちゃんイキイキしてる…ひとりで遊《あそ》ぶのが好《す》きなんだね
でもきっと声《こえ》をかけたら喜《よろこ》ぶですの！
…そうかな～

声《こえ》をかけてもらったら、きっとうれしい

ひとりでいる子《こ》に「声《こえ》をかけたい」と思《おも》っても、「ひとりが好《す》きなのかな」「いやがられちゃうかな」などと考《かんが》えてしまうよね。
でもきっと、声《こえ》をかけてもらえたらうれしいはずだよ。

だれでもずっとひとりはつまらない

たとえばひとりで本《ほん》を読《よ》むのが好《す》きな子《こ》でも、その本《ほん》についての話《はなし》をだれかとしたいなと思《おも》っているかもしれないよ。

言《い》いたい…
とったどー

なにかあったの？
うん！
あのね～

声《こえ》をかけてもらえば、だれでもうれしい

声《こえ》をかけられると、「自分《じぶん》のことを気《き》にしてくれている」と感《かん》じるから、だれでもうれしいはずだよ。

自信《じしん》になる

自分《じぶん》から声《こえ》をかけて友《とも》だちになれると、友《とも》だち関係《かんけい》を自分《じぶん》から作《つく》れるという自信《じしん》にもなるよ。

声《こえ》かけて
よかった！

上手《じょうず》な声《こえ》のかけ方《かた》

1 笑顔《えがお》で近《ちか》づこう

笑顔《えがお》で近《ちか》づくだけでも、「これから声《こえ》をかけるよ」というメッセージになるよ。友《とも》だちも心《こころ》の準備《じゅんび》がしやすくなるね。

2 目《め》を見《み》て声《こえ》をかけよう

「ねえ」「なにしているの？」と目《め》を見《み》て声《こえ》をかけてから、「いっしょに遊《あそ》ぼうよ」などと自分《じぶん》の気持《きも》ちを伝《つた》えよう。

ねえ、細井《ほそい》くん
将棋《しょうぎ》教《おし》えてくれない？

3 友《とも》だちが迷《まよ》っていたら、もう一度《いちど》だけ言《い》ってみる

迷《まよ》っていたら、もう一度《いちど》だけ伝《つた》えてみて。どうしてもいやそうだったら、それ以上《いじょう》さそうのはあきらめよう。

うーん
お願《ねが》いします！

転校《てんこう》してきた子《こ》と仲《なか》よくなりたいときにも、ぜひチャレンジしてみてほしいですの！

仲《なか》のよい友《とも》だちとはなれちゃった！

4-2
え～ というわけで花田《はなだ》さんはお父《とう》さんの仕事《しごと》の都合《つごう》で
ニューヨークへ引《ひ》っ越《こ》すことになりました
みんな今《いま》までありがとう！
2学期《がっき》がおわるまでだから まだ3カ月《げつ》あるけど
えーー!?

ニューヨークか～なかなか会《あ》えなくなるね…
飛行機《ひこうき》で13時間《じかん》くらいかな
さみしくなっちゃうな…
メールするよ！
いつかきっと遊《あそ》びに来《き》てよ！
バ～イ
…
りかちゃんさみしくないのかな
パカッ
さみしいな～せっかく仲《なか》よくなれたのに…
でも私《わたし》が泣《な》いたらななみはもっとかなしむ…
リカちゃん
パタン
リカちゃんも同《おな》じですの！
外国《がいこく》に行《い》くんだもんね
不安《ふあん》だってあるよね

友《とも》だちとの別《わか》れは新《あたら》しい友《とも》だちを作《つく》るチャンス!

不《ふ》安《あん》な気《き》持《も》ちはみんな同《おな》じ

仲《なか》よしの友《とも》だちとはなれてしまうと、とても不《ふ》安《あん》になるよね。「新《あたら》しい友《とも》だちができるのかな」と心《しん》配《ぱい》になるけれど、その気《き》持《も》ちはみんな同《おな》じだよ。

別《わか》れは仕《し》方《かた》のないこと

仲《なか》よしの友《とも》だちとはずっといっしょにいたいなと、だれでも思《おも》うよね。でも、クラスがえや引《ひ》っ越《こ》しのように、自《じ》分《ぶん》ではどうにもならないことがあるよ。

いろいろなタイプの子《こ》と友《とも》だちになろう

仲《なか》よしの友《とも》だちとはなれたことをきっかけに、新《あたら》しい友《とも》だちができるかもしれない。それまでとはちがうタイプの子《こ》と仲《なか》よくなると、きっとまた別《べつ》のおもしろい体《たい》験《けん》が待《ま》っているよ。

友《とも》だちになるきっかけを作《つく》ろう！

① あいさつをしよう！

「おはよう」「バイバイ」「また明日《あした》ね！」といったあいさつは、友《とも》だちになる第一歩《だいいっぽ》。「○○ちゃん、おはよう」などと友《とも》だちの名前《なまえ》をつけると、きょりがちぢまりやすくなるよ。

花子《はなこ》ちゃん
おはよう！

② あたたかい言葉《ことば》をかけよう！

友《とも》だちになりたい子《こ》ががんばっているときは、「がんばっているね」「すごいね！」などと声《こえ》をかけてみよう。もしその子《こ》がつらい気持《きも》ちだったら、元気《げんき》づけられると思《おも》うよ。

上手《じょうず》だね！

③ 「手伝《てつだ》うよ」と言《い》ってみる

友《とも》だちになりたい子《こ》が困《こま》っていたら、「手伝《てつだ》うよ」と声《こえ》をかけてみよう。友《とも》だちとのきょりが、ぐっとちぢまるはずだよ。

ずっしり

不安《ふあん》なのはみんな同《おな》じだから、友《とも》だちが増《ふ》えるチャンスと思《おも》って、がんばるですの！

仲《なか》よしグループに入《い》れてほしい！

リカちゃんお休《やす》みか～
キーンコーンカーンコーン
ぽつん
気《き》になりとび出《で》て
ジャジャジャジャジャーン
こんなときはリカちゃん以外《いがい》のお友《とも》だちと仲《なか》よくなれるチャンスですの！
そしたら もっと楽《たの》しくなるですの！

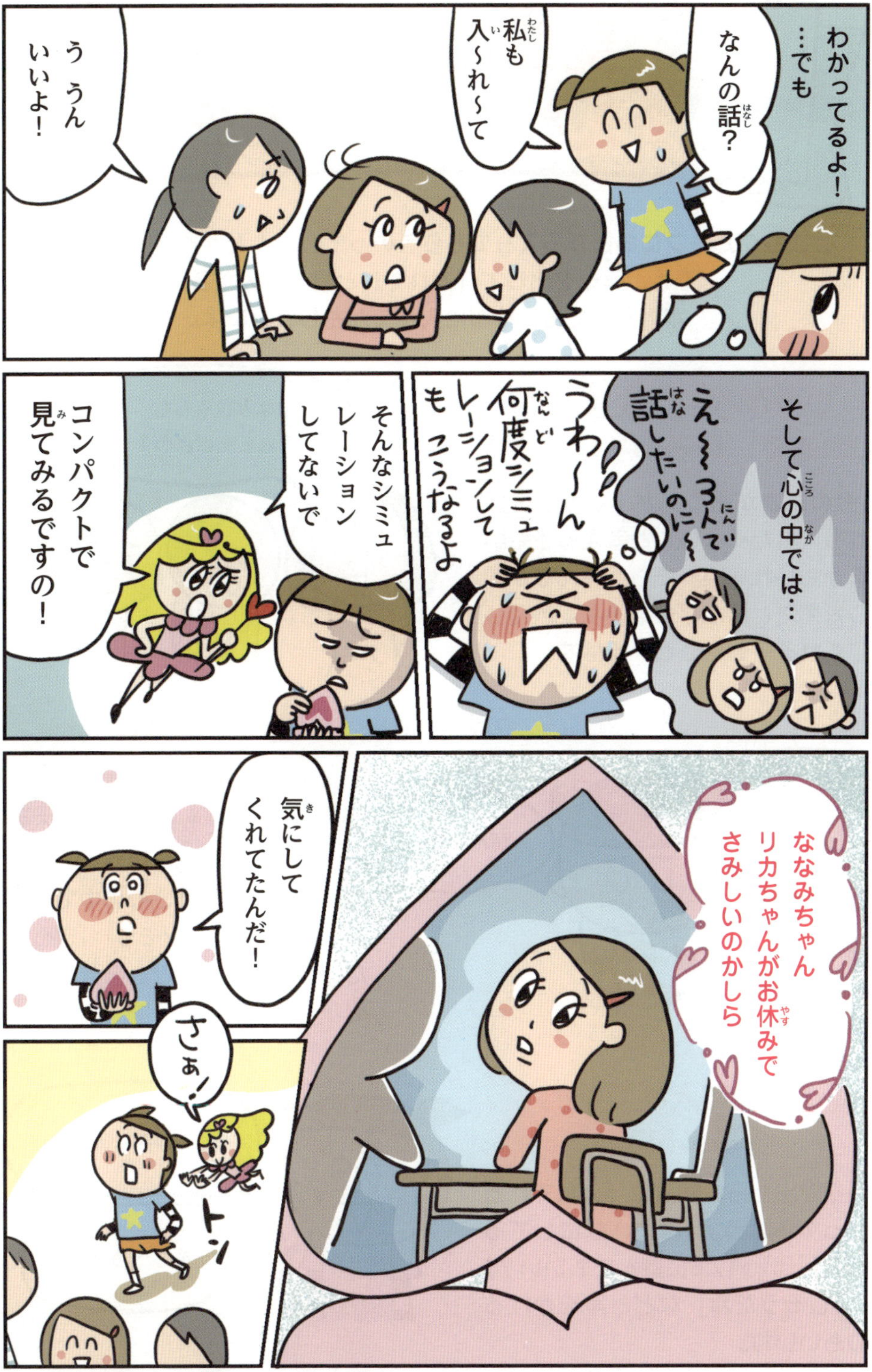
わかってるよ！…でも
なんの話《はなし》？
私《わたし》も入《い》～れ～て
ううん いいよ！
そして心《こころ》の中《なか》では…
え～3人《にん》で話《はな》したいのに～
うわ～ん 何度《なんど》シミュレーションしても こうなるよ
そんなシミュレーションしてないで
コンパクトで見《み》てみるですの！
ななみちゃん リカちゃんがお休《やす》みで さみしいのかしら
気《き》にしてくれてたんだ！
さぁ！
トン

勇気《ゆうき》を出《だ》して「入《い》れて」と言《い》おう

仲《なか》よしグループにあとから入《い》れてもらうのって、なんとなく不安《ふあん》だよね。
でも、勇気《ゆうき》を出《だ》して「入《い》れて」と言《い》ってみたら、
案外《あんがい》かんたんに仲間《なかま》に入《はい》れるかもしれないよ。

いやがる子《こ》、歓迎《かんげい》してくれる子《こ》、いろいろいるよ！

「今《いま》のままが居心地《いごこち》がよいから、だれも入《い》れたくない」と考《かんが》える子《こ》もいるかもしれない。でも、みんなが同《おな》じ考《かんが》えだとはかぎらないよ。歓迎《かんげい》してくれる子《こ》もきっといるはず。

勇気《ゆうき》を出《だ》すにはどうしたらいい？

「断《ことわ》られたらどうしよう」と不安《ふあん》に思《おも》って勇気《ゆうき》が出《で》ないかもしれない。そんなときは、心《こころ》の中《なか》で「がんばれ」「勇気《ゆうき》を出《だ》そう」「きっとだいじょうぶ」などと自分《じぶん》に言《い》い聞《き》かせてみて。

「仲間《なかま》に入《い》れて」と声《こえ》に出《だ》す

勇気《ゆうき》が出《で》たら、実際《じっさい》に「入《い》れて」と言《い》ってみよう。「ねえ、なにしてるの？」「いっしょに遊《あそ》んでもいい？」「楽《たの》しそうだね」などと声《こえ》をかけるのもいいね。

気持《きも》ちの伝《つた》わる言《い》い方《かた》

仲間《なかま》に入《い》れてほしい気持《きも》ちを伝《つた》えるには、言《い》い方《かた》がとても大切《たいせつ》だよ。

① 入《い》れてほしいグループの近《ちか》くに行《い》く

② 入《い》れてくれそうな子《こ》の顔《かお》を見《み》る

③ 聞《き》こえるように大《おお》きな声《こえ》で

入《い》れて！

④ 笑顔《えがお》で明《あか》るく言《い》う

入《い》れて！
いいよ～

ニコニコと笑顔《えがお》で声《こえ》をかけると、印象《いんしょう》がよくなるですの。友《とも》だちを増《ふ》やすはじめの一歩《いっぽ》、がんばってほしいですの！

断《ことわ》られたら、どうする？

笑顔《えがお》で明《あか》るく「入《い》れて」と言《い》ってみたけど、断《ことわ》られちゃったら、どんな気持《きも》ちになるかな。そして、どうしたらいいかな？

がっかりした気持《きも》ちに……

せっかく勇気《ゆうき》をふりしぼってお願《ねが》いしたのに断《ことわ》られたら、がっかりしちゃうよね。心《こころ》がきずついて、もう声《こえ》をかけるのは、やめようと思《おも》っちゃうかも。

断《ことわ》られるのは、めずらしいことじゃないよ！

つい、自分《じぶん》はきらわれているのかもしれない、などと考《かんが》えてしまうけど、そういうわけじゃないよ。たまたま断《ことわ》る理由《りゆう》が相手《あいて》にあっただけ。落《お》ち込《こ》む必要《ひつよう》はないからね。

もう一度《いちど》だけ、言《い》ってみよう！

① もう一度《いちど》「仲間《なかま》に入《い》れて」と伝《つた》えてみる

もしかしたら、声《こえ》が小《ちい》さくて友《とも》だちに伝《つた》わらなかったのかもしれない。もうちょっとグループに近《ちか》づいて、大《おお》きな声《こえ》ではっきり「入《い》れて」と言《い》ってみよう。

② ムリにお願《ねが》いせず、あきらめる

それでも断《ことわ》られたら、今回《こんかい》はあきらめよう。そのグループには、ムリに入《い》れてもらう必要《ひつよう》はないかもしれないよ。

③ キミに合《あ》うグループをさがす

きっと、キミに合《あ》うグループがほかにあるはずだよ。気《き》になる別《べつ》のグループがないかどうか、まわりをよく見《み》てみてね。

だれかになにかをお願《ねが》いしても、断《ことわ》られるのはよくあることですの。気《き》にしなくてだいじょうぶですの！

友《とも》だちを元気《げんき》づけたい！

ドッジボール大会《たいかい》で
ステーン
ピー
3組《くみ》の勝《か》ち
つまり…学級委員《がっきゅういいん》のボクが
あんなミスをしてしまい申《もう》し訳《わけ》ない
気《き》にすることないよ〜！
ドンマイ
くやしいか。くやしいだろ心《こころ》にきざみこめ
いいかラブアンドピースで猛練習《もうれんしゅう》だ!!

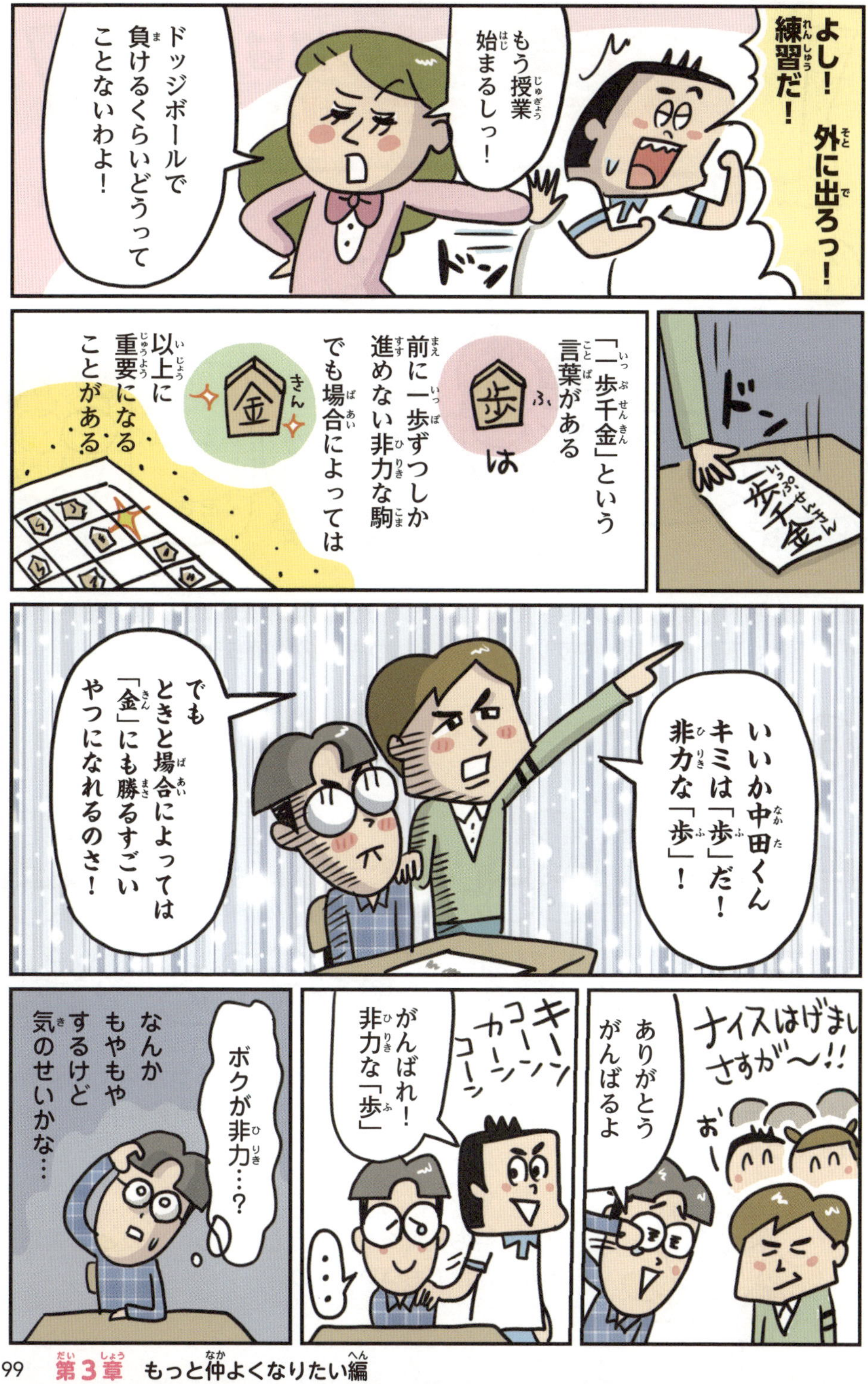
よし！　外《そと》に出《で》ろっ！
練習《れんしゅう》だ！
もう授業《じゅぎょう》始《はじ》まるしっ！
ドッジボールで負《ま》けるくらいどうってことないわよ！
ドン
ドン
一歩千金
いっぷせんきん
「一歩千金《いっぷせんきん》」という言葉《ことば》がある
歩《ふ》は
前《まえ》に一歩《いっぽ》ずつしか進《すす》めない非力《ひりき》な駒《こま》
でも場合《ばあい》によっては
金《きん》
以上《いじょう》に重要《じゅうよう》になることがある
いいか中田《なかた》くん
キミは「歩《ふ》」だ！
非力《ひりき》な「歩《ふ》」！
でも
ときと場合《ばあい》によっては
「金《きん》」にも勝《まさ》るすごい
やつになれるのさ！
ナイスはげまし
さすが〜!!
おー
ありがとう
がんばるよ
キーン
コーン
カーン
コーン
がんばれ！
非力《ひりき》な「歩《ふ》」
…
ボクが非力《ひりき》…？
なんか
もやもや
するけど
気《き》のせいかな…

元《げん》気《き》づけるにはどうしたらいい？

1 「だいじょうぶ？」とたずねる

中田《なかた》くん
だいじょうぶ？

こっちから「だいじょうぶ？」とたずねると、友《とも》だちは話《はな》しやすいよ。

2 「心配《しんぱい》だよ」と伝《つた》える

落《お》ちこんでいるみたいだから心配《しんぱい》で……

「元《げん》気《き》がなくて心配《しんぱい》している」というキミの気《き》持《も》ちを伝《つた》えよう。

3 友《とも》だちのいいところを伝《つた》えよう

中田《なかた》くんがまじめだからクラスがまとまるんだよ

落《お》ち込《こ》んでいる内容《ないよう》と関係《かんけい》がなくてもいいから、いいところを伝《つた》えてはげまそう！

4 話《はなし》を聞《き》いてあげる

失敗《しっぱい》した自分《じぶん》が許《ゆる》せなくて……
そっか

ただ話《はなし》を聞《き》いてもらえるだけでも、友《とも》だちはきっと安心《あんしん》するよ。

ひどく落《お》ち込《こ》んでいるようだったら、ただとなりにすわるだけでもいいですの。

「友《とも》だちを思《おも》いやる気持《きも》ち」が伝《つた》わればOK《オーケー》！

「キミのことが心配《しんぱい》なんだ」「元気出《げんきだ》してほしいな」という気持《きも》ちが伝《つた》わると、友《とも》だちも「味方《みかた》がいる」と思《おも》えて、元気《げんき》が出《で》てくるよ。

中田《なかた》くん、元気出《げんきだ》してね
中田《なかた》くんなら、きっとできるよ
一郎《いちろう》、ドンマイ！気《き》にすんな！
一郎《いちろう》くん、キミの気持《きも》ちわかるよ
上手《じょうず》な言葉《ことば》はかけられないけど、今日《きょう》はずっとそばにいよう
心配《しんぱい》って友《とも》だちを思《おも》いやる心《こころ》ですの！
一郎《いちろう》L.o.v.e《ラブ》

コラム

友《とも》だちを応援《おうえん》したい！

みんなでなにかをするとき、友《とも》だちが失敗《しっぱい》しても
がんばりをみとめてあげられると、団結力《だんけつりょく》が高《たか》まるよ。

できるよ！
さっきより
いい感《かん》じだった！
よし子《こ》ちゃん、
いっしょに
がんばろう！
がんばろう!
次《つぎ》はいけそう

1 友《とも》だちの名前《なまえ》を呼《よ》ぶ

聞《き》こえるように名前《なまえ》を呼《よ》ぶと、自分《じぶん》がみんなに必要《ひつよう》とされていることを感《かん》じて、ホッとするよ。

2 「がんばろう」と言《い》う

「がんばれ」じゃなく、「がんばろう」と言《い》おう。いっしょにがんばる気持《きも》ちが伝《つた》わるよ。

3 できたところはほめる

少《すこ》しでもできたところは、言葉《ことば》で伝《つた》えよう。進歩《しんぽ》しているとわかると、やる気《き》になるよ。

4 アドバイスする

どうすればうまくできそうか、具体的《ぐたいてき》にアドバイスするといいね。

第《だい》4章《しょう》

自《じ》分《ぶん》を大《たい》切《せつ》に編《へん》

自《じ》分《ぶん》の気《き》持《も》ちにうそをついてない？

関《かん》シャリ7《セブン》
ライブ
ハァ
ため息《いき》聞《き》こえて
ジャジャジャジャジャーン
あぁ ハーティ…
日曜《にちよう》にライブへ行《い》くんだけど…
今日《きょう》の昼休《ひるやす》みに
昨日《きのう》の「関《かん》シャリ7《セブン》共和国《きょうわこく》」見《み》た～？
ヤスくんチョーかっこよかった
え～ゲンさんのほうがかっこいいよ～
私《わたし》はゆうくん！
ななみちゃんは？
ヤバい！見《み》てない！興味《きょうみ》もない…
だれ？
でもせっかく仲間《なかま》に入《はい》れたし、ここは合《あ》わせなきゃ！
ゲ ゲンさん
ぎゃ～かぶった！
ライブのチケットをもらったの！みんなで行《い》こうよ！
行《い》く～

自分《じぶん》の気持《きも》ちにうそを ついていたら あとで つらくなるですの！
うそなんか ついて ないもん！
ななみ！ コンパクトを 見《み》るですの！
もやもやランプが…
もや
もや
そうだ！ 代《か》わりに ハーティが行《い》きますの！
シャリでんねん スシでんねん 愛《あい》で～んねーん
楽《たの》しさMAX《マックス》
ハーティ 好《す》きだったんだ
な ななみのために おどっただけですのっ！

なんでうそをついちゃうんだろう？

ちがう意見《いけん》が言《い》いづらくて

「話《はなし》を合《あ》わせないと遊《あそ》んでくれなくなっちゃうんじゃないか」「つまんないと思《おも》われちゃうんじゃないか」と不安《ふあん》になって、うそをついてしまうことがあるよ。

「アイドルは
好《す》きじゃない」
なんて言《い》ったら、
もう遊《あそ》んで
くれないかな

とうとう10カ国語《こくご》
話《はな》せるように
なっちゃったわ

見栄《みえ》をはりたくて

「すごいね」と言《い》われたくて、ついうそをついてしまうことがあるよ。それは自分《じぶん》をみとめてほしい気持《きも》ちのあらわれなのかも。

うそがどんどんふくらむこともあるよ

はじめは小《ちい》さなうそでも、そのうそをかくすために、またうそをつかなくてはならなくなることもあるよ。

関《かん》シャリ7《セブン》
ありがとう…
いらない…

うそをついてしまうと……

心《こころ》が苦《くる》しくなる

まわりの人《ひと》にうそがばれなくても、心《こころ》が苦《くる》しくなってしまうよ。好《す》きでもないものを好《す》きと思《おも》いこもうと、自分《じぶん》の気持《きも》ちにうそをつくともやもやするよね。

なんで「私《わたし》も好《す》き！」
「ファンクラブ
入《はい》ったよ～」
なんて言《い》っちゃっ
たんだろう

ななみちゃん、
ファンクラブ入《はい》ったって
うそみたいだよ！
ヒソ
ヒソ
えー、
信《しん》じられない！

信用《しんよう》されなくなるよ

もしもうそがばれたら、うそをつかれていたほうはとてもショックを受《う》けて、キミのことを信《しん》じられなくなってしまうかも。

正直《しょうじき》に打《う》ち明《あ》けよう

うそが大《おお》きくなる前《まえ》に、心《こころ》が苦《くる》しくならないように、早《はや》く正直《しょうじき》に打《う》ち明《あ》けるですの。好《この》みがちがうときの上手《じょうず》な伝《つた》え方《かた》は、44 ～ 45 ページを参考《さんこう》にしてほしいですの！

うそついてゴメン
じつは
アイドルより
ロックが
好《す》きなんだ

自分《じぶん》のこと、知《し》ってる？

今日《きょう》は現場《げんば》から小学生《しょうがくせい》の実態《じったい》をお伝《つた》えいたします
メガネをかけると人間《にんげん》になれますの～
YOU《ユー》は自《じ》分《ぶん》のこと知《し》ってますの？
ぼくは、ラブアンドピースな人間《にんげん》さ！
えっなに？歌《うた》えって～？
言《い》ってないですの
ラブアンドピース
ホットに愛《あい》を～根性《こんじょう》で～
なぜか自分《じぶん》の気持《きも》ちにうそをついちゃうことがあるの
なんでかな～

知《し》ってるに決《き》まってるじゃない!
信《しん》じられるのは自分《じぶん》のみよ!
ひと言《こと》で言《い》えば桂《けい》馬《ま》の貴《き》公《こう》子《し》かな
将棋《しょうぎ》から人生《じんせい》を学《まな》び将棋《しょうぎ》がボクを作《つく》っている プロ棋士《きし》(夢《ゆめ》) 細井《ほそい》九段《くだん》
え~と…わかりません
でも ツチノコのことならなんでも聞《き》いてください
生息地《せいそくち》は~好《す》きな食《た》べものは~
いえっいいです!
ボーン
つまり
まじめでみんなを引《ひ》っ張《ぱ》るリーダーであるべきなのです
はっ
曲《ま》がってる
机《つくえ》の乱《みだ》れは心《こころ》の乱《みだ》れっ!
筋川《すじかわ》くん! つまりキミはそうじ当番《とうばん》でしょ~が~
自分《じぶん》のことはわかるようでわからない
そんなものなのかもしれません!
スタスタ
歌《うた》なんていいから~机《つくえ》を~
以上《いじょう》現場《げんば》からでした

自《じ》分《ぶん》の感《かん》じ方《かた》の「くせ」はどれかな？

テスト終了《しゅうりょう》まであと10分《ぶん》！

あと10分《ぶん》もあるのか、ラッキー！
もう10分《ぶん》しかないの？ムリ!!

もう1枚《まい》書《か》いてみよう

ず〜ん
才能《さいのう》がないのだろうか
太陽
次《つぎ》はもっとうまく書《か》いてみせるわ

コップにジュースが半《はん》分《ぶん》のとき……

まだ半分《はんぶん》もあるね
もう半分《はんぶん》しかない……

「くせ」を知《し》れば解決策《かいけつさく》がわかるよ

自分《じぶん》の感《かん》じ方《かた》や考《かんが》え方《かた》の「くせ」を知《し》っておくと、
困《こま》ったときにどうしたらいいのかの解決策《かいけつさく》が見《み》つかりやすくなるよ！

余裕《よゆう》だと思《おも》って
気《き》をぬくと
失敗《しっぱい》するから、
10分《ぷん》を大切《たいせつ》に使《つか》おう
あわてると失敗《しっぱい》するから
落《お》ち着《つ》かなきゃ。
だいじょうぶ、
あと10分《ぷん》あるもん

感《かん》じ方《かた》の「くせ」がわかれば
気持《きも》ちも切《き》りかえられるね

完璧《かんぺき》を求《もと》めすぎなんだ、
ボクは。
苦手《にがて》があっても
いいじゃないか！
ついもう半分《はんぶん》しか
ないって
思《おも》っちゃうけど、
残《のこ》りの半分《はんぶん》も
おいしく飲《の》もう

感《かん》じ方《かた》や考《かんが》え方《かた》の「くせ」に、よい悪《わる》いはないよ。人《ひと》によってさまざまだから、自分《じぶん》の「くせ」に目《め》を向《む》けて自分《じぶん》を知《し》る手《て》がかりにしてほしいですの。

自分《じぶん》の気持《きも》ちを知《し》るって大事《だいじ》！

気持《きも》ちがわからないと……

なんとなくもやもやしているのにその理由《りゆう》がわからないと、気持《きも》ちが整理《せいり》できず、落《お》ち着《つ》かない気持《きも》ちのままに。

リカちゃん
ちこくしてきたのに
笑《わら》ってる……
ゴメーン
もやもや

気持《きも》ちがわかると……

イライラしたり、かなしかったり、くやしかったり、自分《じぶん》がどういう気分《きぶん》でいるか、どうしてそうなったかがわかると、気持《きも》ちが整理《せいり》できるよ。

心配《しんぱい》してたんだよ！
ごめんね！

自分《じぶん》の気持《きも》ちを知《し》るには……

・心配《しんぱい》したことをわかってほしい
・ちこくした
笑《わら》ってた

心《こころ》の中《なか》からわき出《で》てくる思《おも》いや感情《かんじょう》を紙《かみ》にどんどん書《か》き出《だ》してみると、なにがイヤでそんな気持《きも》ちになったのかが見《み》えてくるかも。

やってみよう！

自分《じぶん》を知《し》るための連想《れんそう》ゲーム

これは、自分《じぶん》を知《し》るためのひとつの方法《ほうほう》だよ。紙《かみ》の中心《ちゅうしん》に自分《じぶん》の名《な》前《まえ》を書《か》いたら、好《す》きなもの、家族《かぞく》、得意《とくい》なことなど、なんでもいいから書《か》いてね。そこからどんどん思《おも》いつくことを線《せん》で結《むす》んで書《か》いていくと、意外《いがい》な自分《じぶん》がわかってくるかも。

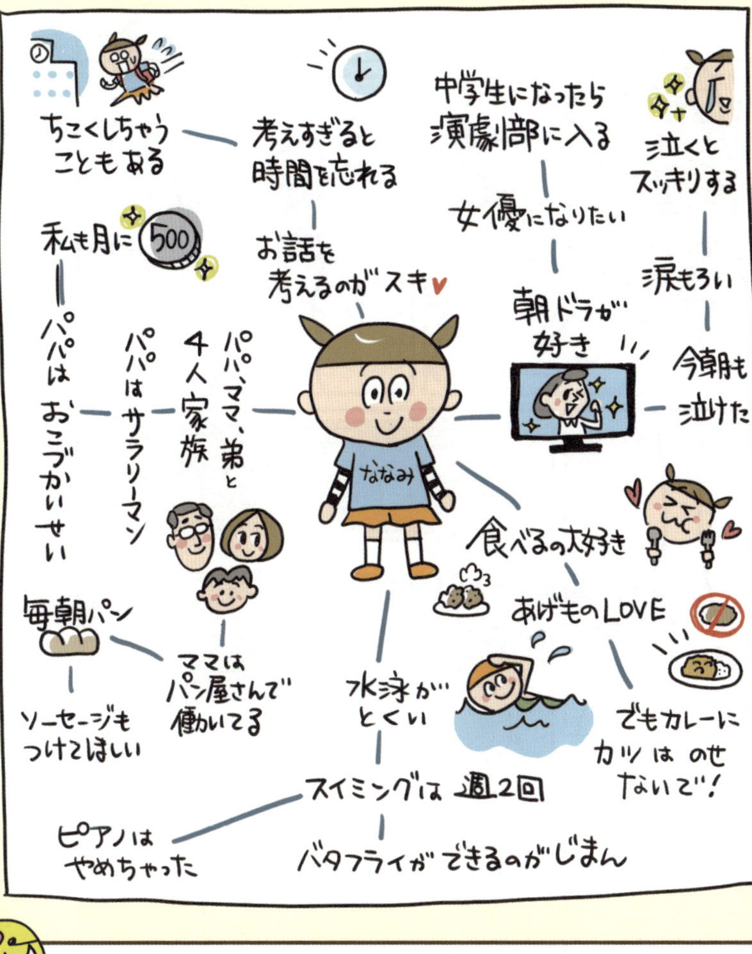

そのとき感《かん》じた気持《きも》ちを自分《じぶん》できちんと整理《せいり》できると、友《とも》だちとのコミュニケーションでとても役《やく》に立《た》つですの。

ひとりでいるってダメなこと？

昨日《きのう》の「関《かん》シャリ食《く》いねえ」見《み》た？
見《み》たよ〜
ゲンさんかっこよかった〜
うっうんそうだね
朝《あさ》ドラの「源《げん》さん」のほうがかっこいいよ！
…なんて言《い》えたらな〜
なんか肩《かた》こるな〜
早《はや》くリカちゃん学校《がっこう》来《こ》ないかな
ハア
まわりを見《み》てみるですの！
ため息《いき》ジャン
ジャジャジャ
ジャーン！
さみしくないのかな？
ときにはひとりも悪《わる》くないですの！
そうかな…私《わたし》は「友《とも》だちがいない人《ひと》」って思《おも》われるのがこわいよ

じゃあ聞《き》いてみたら どうですの？
話《はな》しかけられて イヤな気持《きも》ちになる人《ひと》はあまりいませんの！
よし子《こ》ちゃん いつも本《ほん》を読《よ》んでるね！ みんなとおしゃべりしたいと思《おも》わない？
え うん 思《おも》うときもあるけど… でも本《ほん》が好《す》きだから…
細井《ほそい》くんはいつもひとりでさみしくない？
青木《あおき》さんはさみしいの？
ちょっとね リカちゃん引《ひ》っ越《こ》しちゃうし…
将棋《しょうぎ》はね孤独《こどく》な競技《きょうぎ》なんだ
う〜ん
でもワクワクして熱《あつ》くなる瞬間《しゅんかん》があるからさみしくなんてないよ
ど〜した？
筋川《すじかわ》くんはひとりだとさみしい？
そりゃそうさ！ みんなが大好《だいす》きだからね！
でもだいじょうぶ！ キミはひとりじゃないぞ！
ちっ 近《ちか》いよ
ガシッ
さあ ともに歌《うた》おう
ラブアンド ピース イェイ イェイ
あれっ？ なぜこの展開《てんかい》…？

ひとりでいると どんな気《き》持《も》ち？

なんとなくさみしい

まわりが盛《も》りあがっているのにひとりでいると、なんだかさみしい気《き》持《も》ちになってくるよね。

関《かん》シャリ7《セブン》
サイコー
アイドルのことはよくわからないけど、
だれかと話《はな》したいな

この感動《かんどう》をだれかに伝《つた》えたいな

楽《らく》チンだけど、だれかとつながりたい

ひとりでいるのはきらいじゃない。でも、だれかとつながりたくて、さみしく思《おも》うこともあるよね。

さみしくて、まわりに合《あ》わせちゃうことも

人《ひと》とつながって安心《あんしん》したいから、空気《くうき》を読《よ》んだり、ついまわりに合《あ》わせて自分《じぶん》にうそをついてしまったりすることってあるよね。

本当《ほんとう》は外《そと》で遊《あそ》びたいのにな

ときにはひとりも悪《わる》くないよ！

まわりに合《あ》わせるために自分《じぶん》にうそばかりついていると、疲《つか》れてきちゃうよ。
無理《むり》に合《あ》わせなくてだいじょうぶ。自分《じぶん》のワクワクを大切《たいせつ》にしてね。

朝《あさ》ドラに感動《かんどう》！

ツチノコに夢中《むちゅう》！

カフェでホッとひと息《いき》！

将棋《しょうぎ》が生《い》きがい！

ひとりの時間《じかん》も友《とも》だちと過《す》ごす時間《じかん》も、どっちも楽《たの》しめるのが一番《いちばん》ですの！

カッと頭《あたま》にきたときは？

つまり学級《がっきゅう》委員《いいん》のボクはクラスの秩序《ちつじょ》を守《まも》るべく
いつも目《め》を光《ひか》らせているのです
そしてクラスをまとめるのもボクの仕事《しごと》
つまり次《つぎ》の学習《がくしゅう》発表会《はっぴょうかい》はミュージカルでいいでしょうか？
わいわい
ガヤガヤ
静《しず》かにー！
ひー
つまりミュージカルでよろしいでしょうか？
えー
コホン
またミュージカルかよっ
つまり題目《だいもく》は「王様《おうさま》はウマの耳《みみ》」と「美少女《びしょうじょ》と野獣《やじゅう》」
どちらがいいですか？
ワイワイ
ガヤガヤ
え～
黒雪姫《くろゆきひめ》がよかったな
カンフーパンツがいい！

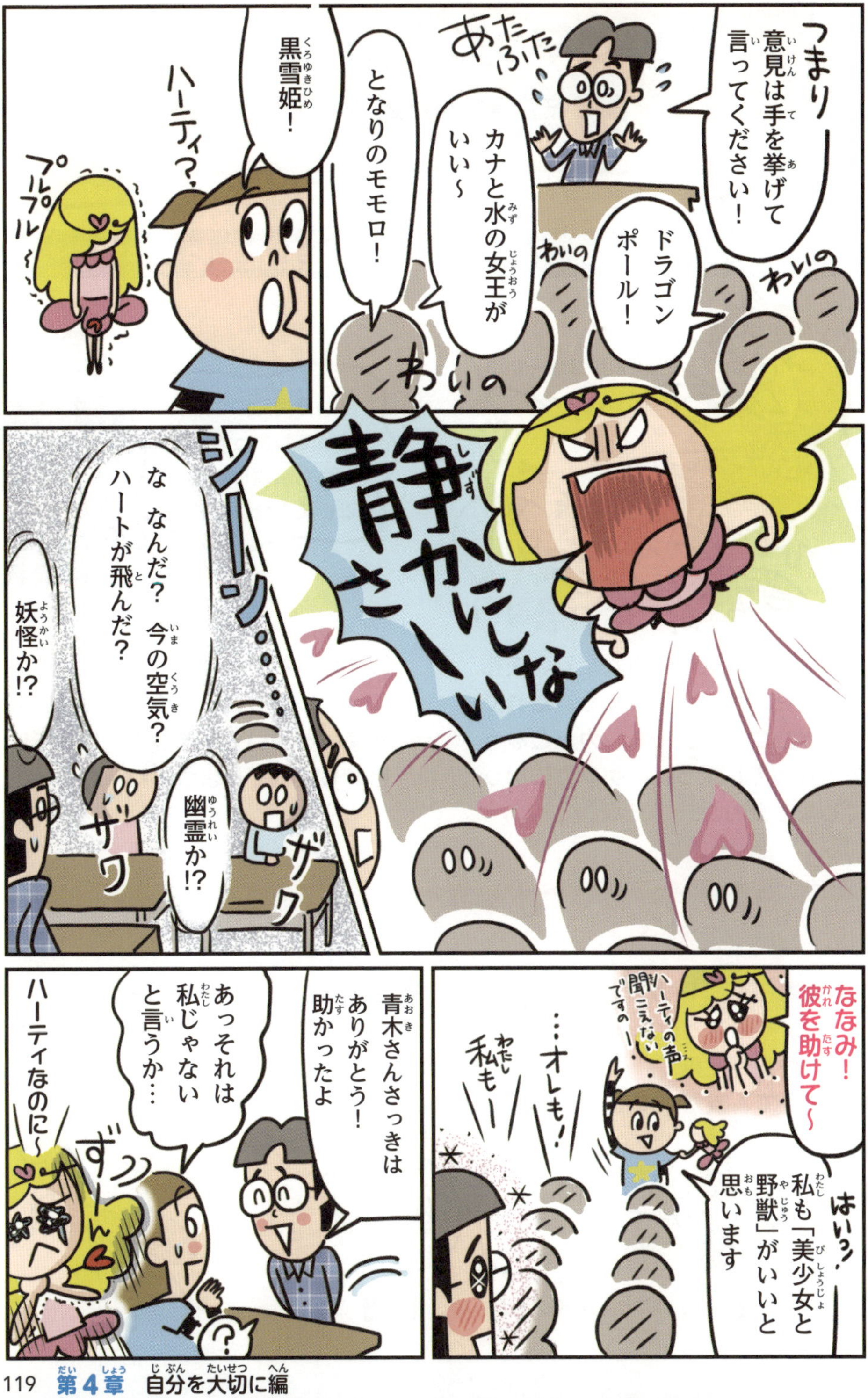

つまり意見《いけん》は手《て》を挙《あ》げて言《い》ってください！
あたふた
ドラゴンボール！
わいの
わいの
カナと水《みず》の女王《じょうおう》がいい～
となりのモモロ！
わいの
黒雪姫《くろゆきひめ》！
ハーティ？
プルプル～
静《しず》かにしなさ〜い
シーーン……
な なんだ？ 今《いま》の空気《くうき》？ ハートが飛《と》んだ？
妖怪《ようかい》か!?
幽霊《ゆうれい》か!?
ザワ
ザワ
ななみ！彼《かれ》を助《たす》けて～
ハーティの声《こえ》聞こえないですの～
はいっ！
私《わたし》も「美少女《びしょうじょ》と野獣《やじゅう》」がいいと思《おも》います
…オレも！
私《わたし》も～
青木《あおき》さんさっきはありがとう！助《たす》かったよ
あっそれは私《わたし》じゃないと言《い》うか…
ハーティなのに～
ず～ん
?

カッとなって「いかり」を爆発《ばくはつ》させると……

ケンカになる

キミたち、いい
加減《かげん》にしなさーい！
ひどーい

たとえば約束《やくそく》をやぶられたり、失礼《しつれい》なことを言《い》われたりしたら、だれでも腹《はら》が立《た》つよね。でも、カッとなってどなってしまうと、ケンカになってしまうかも。

余計《よけい》にもやもやする

つい感情的《かんじょうてき》に
なってしまったけど、
なにも解決《かいけつ》して
ないような……

腹《はら》が立《た》ったからといって感情的《かんじょうてき》におこってしまうと、もやもやした気分《きぶん》がずっと続《つづ》いてしまうよ。これでは自分《じぶん》も疲《つか》れてしまうよね。

思《おも》わずカッとなってしまったら、まずはあやまろう！

だれでもついカッとなってしまうことはあるよね。そんなときは、まずおこってしまったことをあやまってみて。そして、なぜおこったのかよく考《かんが》えて、友《とも》だちに伝《つた》えてみるといいよ。

一郎《いちろう》くんが
かわいそうで
つい……
ゴメンネ！
そっか〜

気持《きも》ちを落《お》ち着《つ》かせるには……

でも、なるべくおこらないようにする方法《ほうほう》もあるよ。
「いかり」は訓練《くんれん》すれば少《すこ》しずつおさえられるようになるんだ！

① その場《ば》をはなれる

いかりを感《かん》じたときは、できればその場《ば》からはなれよう。相手《あいて》が目《め》の前《まえ》からいなくなれば、少《すこ》し気持《きも》ちも落《お》ち着《つ》くよ。

ワイワイ
ガヤガヤ

② 深呼吸《しんこきゅう》しながら気持《きも》ちをリフレッシュ！

落《お》ち着《つ》こう
落《お》ち着《つ》こう…
1…
2…
3…
すー
はー

1. 深呼吸《しんこきゅう》する

いかりの気持《きも》ちが大《おお》きくふくらんでしまう前《まえ》に、深呼吸《しんこきゅう》をくりかえして気持《きも》ちを落《お》ち着《つ》かせよう。

2. 深呼吸《しんこきゅう》の数《かず》を数《かぞ》える

「いーち」「にーい」と深呼吸《しんこきゅう》の数《かず》を数《かぞ》えてみて。数字《すうじ》の形《かたち》を頭《あたま》の中《なか》でイメージするといいよ。

3. 「落《お》ち着《つ》こう」と言《い》い聞《き》かせる

またいかりがわきそうになっても、「落《お》ち着《つ》こう」と言《い》い聞《き》かせよう。

4. 心地《ここち》よい風景《ふうけい》を思《おも》いうかべる

心地《ここち》よい風景《ふうけい》の中《なか》に自分《じぶん》がいるのを想像《そうぞう》してみてね。

いかりを爆発《ばくはつ》させない訓練《くんれん》をしておくと、友《とも》だちづきあいがもっと楽《たの》しくなるですの。

気《き》持《も》ちを切《き》りかえたい

ミュージカルが決《き》まり
主役《しゅやく》のオーディションをやることに
美少女《びしょうじょ》と野獣《やじゅう》
主役《しゅやく》は私《わたし》よ！
やさしさぁ〜♪
愛《あい》のぉ〜
いかないでぇ〜
あ〜い〜してる
やさしさを〜
美少女役《びしょうじょやく》は熊田《くまだ》さんで！
ヤッター
つまり青木《あおき》さんはメイドC《シー》なわけで
トイレ
うえ〜〜ん
私《わたし》なんて女優《じょゆう》に向《む》いてないのよ〜
そんなことないですの〜

いーいの!!
わかるのよ
朝《あさ》ドラの
主役《しゅやく》に向《む》いて
いるのは
熊田《くまだ》さんなのよ!
朝《あさ》ドラ?
私《わたし》なんてしょせん
メイドC《シー》
照明《しょうめい》も当《あ》たらず
だれの目《め》にもとまらない
役《やく》なのよぉぉぉ〜
この前《まえ》なんて
幼稚園《ようちえん》の
ときの先生《せんせい》
あら〜久《ひさ》しぶり!
大《おお》きくなったわね
リカちゃん!
くみせんせー!!
え〜っと…
げ 元気《げんき》そうで
よかったわ!
チラッ
私《わたし》の名前《なまえ》
忘《わす》れてる
こういうことよくあるのよぉぉぉ〜
きっとこの先《さき》も同窓会《どうそうかい》では
だれだっけ?
「えっいたっけ?」キャラ扱《あつか》いで…
心《こころ》ない人《ひと》には
ハハ
透明人間《とうめいにんげん》
みたいだね!
とか言《い》われて…
ビエ〜〜
私《わたし》かわいそうすぎる
ななみ その妄想力《もうそうりょく》
ほかにいかして
ほしいですの

くやしい気持《きも》ちはどこからくる？

どんなときにくやしい気持《きも》ちになる？

負《ま》けてくやしい！

まいりました

まちがえてくやしい！

やじゅうだ！
山《やま》には怖《こわ》いかじゅうがいて
くやしい

バカにされてくやしい！

アハハー
ステーン

失敗《しっぱい》してくやしい！

Bye《バイ》

くやしいからこそ、がんばれる！

思《おも》い通《どお》りにいかずに残念《ざんねん》に思《おも》う心《こころ》の中《なか》から、くやしさが出《で》てくるですのね。でも、じつはそのくやしさが、がんばるエネルギーをくれるですの！

くやしい気持《きも》ちを次《つぎ》につなげるためには

くやしくてふてくされたままだと、状況《じょうきょう》は変《か》わらないよ。
だからこそ、そのくやしさをがんばるエネルギーに変《か》えるんだ。

① 深呼吸《しんこきゅう》する

大《おお》きく息《いき》を吸《す》い込《こ》んで吐《は》き出《だ》すと、不思議《ふしぎ》と気持《きも》ちが落《お》ち着《つ》いてくるよ。

② 理由《りゆう》を考《かんが》える

どうしてうまくできなかったのか、自分《じぶん》で考《かんが》えてみると次《つぎ》にいかせるよ。

練習《れんしゅう》が足《た》りなかったかな
きんちょうしすぎちゃったし
うーん

③ チャレンジした自分《じぶん》をほめる

失敗《しっぱい》したのは自分《じぶん》がチャレンジしたからこそ。自分《じぶん》をたくさんほめよう！

でもヒロインにチャレンジした自分《じぶん》はがんばったよね！

くやしいからといって、相手《あいて》にいかりをぶつけてはダメですの。気持《きも》ちを上手《じょうず》にコントロールして、次《つぎ》につなげてほしいですの！

友《とも》だちがうらやましい

今日《きょう》はリカちゃんのお別《わか》れ会《かい》
みんな今《いま》までありがとう！
Thank you very much《サンキュー ベリー マッチ》
for everyone!《フォー エブリワン》
スゲー
いいな～ リカちゃんはパパは社長《しゃちょう》でママは元《もと》モデルさんだし
それに比《くら》べて私《わたし》は
家《いえ》は狭《せま》くて汚《きたな》いし、ローンもまだまだ残《のこ》ってるらしいし
ゲームやめなさい！
パパはお腹《なか》出《で》てるし
ばーか！
弟《おとうと》は生意気《なまいき》だし

ママは…
リカちゃん連休《れんきゅう》でハワイ行《い》くって！うちもさ〜
よそはよそ！うちはうち!!
が口癖《くちぐせ》だし…
リカちゃんのおうちに生《う》まれたかったな〜
はあああああ
でかいなため息《いき》
ジャジャジャジャーン
友《とも》だちと比《くら》べちゃダメですの！
ななみにもステキなところがたくさんありますの
ぐいっ
どこ？
ねえどこがっ？
そりゃあ
優柔不断《ゆうじゅうふだん》で
妄想癖《もうそうへき》があって
めんどうくさいところもあるけど
グサッ
ご飯《はん》をたくさん食《た》べるし、友《とも》だち思《おも》いでやさしいですの！
キャ
ショックでななみがぁ
しゅ〜

どんなときに うらやましく思《おも》う？

自分《じぶん》にはない特技《とくぎ》がある

リカちゃん、バイオリンもピアノも上手《じょうず》だよなぁ。

見《み》た目《め》がかわいい

リカちゃん、目《め》がぱっちりで鼻《はな》も高《たか》くてうらやましい。

自分《じぶん》は持《も》っていないものをたくさん持《も》っている

友《とも》だちと自分《じぶん》を比《くら》べてしまって、「私《わたし》なんて……」と落《お》ちこんでしまうんですのね～。

自分《じぶん》だけのステキをさがそう！

考《かんが》え方《かた》を変《か》えてみると、自分《じぶん》のステキなところが見《み》えてくるよ！

自分《じぶん》にあるものを考《かんが》えてみる

つい人《ひと》と比《くら》べて、「私《わたし》はできない」「持《も》っていないからうらやましい」って考《かんが》えちゃうけど、キミにもステキなところがあるんだよ！

お金《かね》持《も》ちじゃないけど、家族《かぞく》は明《あか》るいし、ネコの小次郎《こじろう》もかわいいもん

お母《かあ》さん、ななみのやさしいところが好《す》きだな！
エヘ

おうちの人《ひと》に聞《き》いてみる

自分《じぶん》で思《おも》いつかなかったら、おうちの人《ひと》に聞《き》いてみるのもいいね。自分《じぶん》では気《き》づいていなかった「キミだけのステキ」が見《み》えてくるかもしれないよ。

だれにでもいいところ、悪《わる》いところがあるですの。あなただけのステキを見《み》のがさないでほしいですの！

自《じ》分《ぶん》が好《す》きになれないときは？

ハァ～
ねえハーティ
私《わたし》ってなんでこんななのかな？
リカちゃん
しっかりしていて自分《じぶん》の意見《いけん》をハッキリ言《い》える
キッパリ
お絵描《えか》きがしたい！
よし子ちゃん
いつもニコニコしていてひかえめ
いいのー
細井《ほそい》くん
自分《じぶん》の世界《せかい》を大切《たいせつ》にしている
筋川《すじかわ》くん
いつも前向《まえむ》きで落《お》ちこまない
ラブアンドピースだいじょうV《ブイ》
中田《なかた》くん
まじめで学級委員《がっきゅういいん》としてがんばっている
なのに私《わたし》は…
なんにもいいところないな～

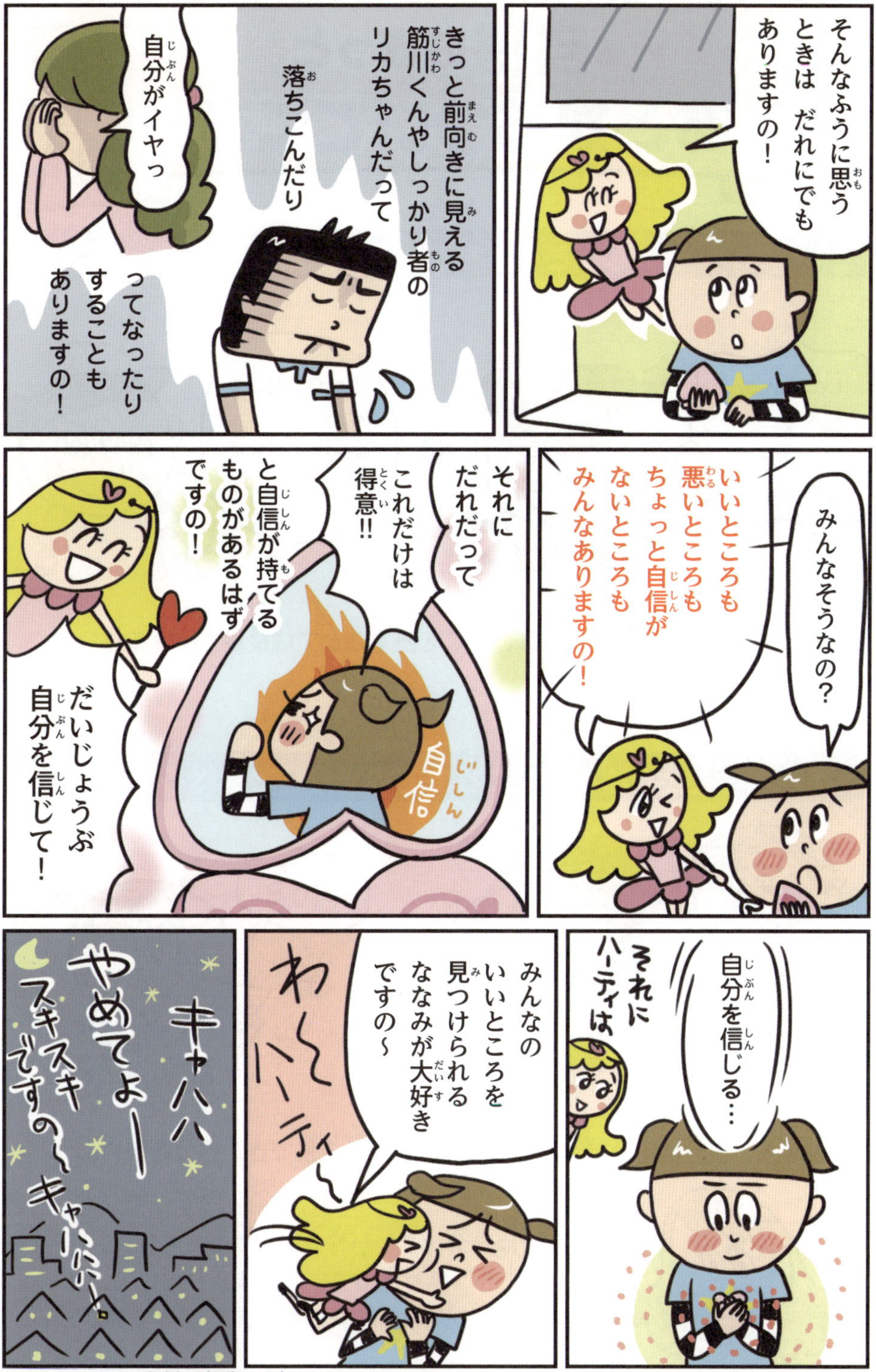
そんなふうに思《おも》う ときは だれにでも ありますの！
きっと前向《まえむ》きに見《み》える 筋川《すじかわ》くんやしっかり者《もの》の リカちゃんだって 落《お》ちこんだり
自分《じぶん》がイヤっ
ってなったり することも ありますの！
みんなそうなの？
いいところも 悪《わる》いところも ちょっと自信《じしん》が ないところも みんなありますの！
それに だれだって これだけは 得意《とくい》!! と自信《じしん》が持《も》てる ものがあるはず ですの！
自信《じしん》
だいじょうぶ 自分《じぶん》を信《しん》じて！
自分《じぶん》を信《しん》じる……
それに ハーティは
みんなの いいところを 見《み》つけられる ななみが大好《だいす》き ですの～
わ～ ハーティ～
キャハハ
やめてよー
スキスキ ですの～
キャハハ

自信《じしん》はきっと あとからついてくる！

ダメなところがわかるから成長《せいちょう》できる

いつも人《ひと》と比《くら》べてウジウジしちゃう
ウジウジはやめて、笑顔《えがお》を心《こころ》がけようっと

ダメなところがわかれば、そこを直《なお》すことで成長《せいちょう》していけるね。

人《ひと》とではなく「これまでの自分《じぶん》」と比《くら》べる

96
65
ガッカリ
+10点《てん》
よっしゃー

人《ひと》は人《ひと》、自分《じぶん》は自分《じぶん》だよ。今《いま》までの自分《じぶん》より成長《せいちょう》できた自分《じぶん》をほめよう。

今《いま》は自分《じぶん》のことが好《す》きになれなくても、いいところは絶対《ぜったい》あるですの。自分《じぶん》を信《しん》じていれば、いつかかならず自信《じしん》もついてくるですの！

自分《じぶん》のいいところをさがそう！

どんな人《ひと》でもいいところとダメなところがあるんだ。
自分《じぶん》を好《す》きになれないときは、自分《じぶん》のいいところをさがしてみよう！

得意《とくい》なこと、がんばっていることを書《か》き出《だ》してみる

「いつも元気《げんき》にあいさつしている」とか「友《とも》だちに消《け》しゴムを貸《か》した」とか、どんなに小《ちい》さなことでもいいから、得《とく》意《い》なこと、がんばっていることを書《か》き出《だ》してみよう。
1日《にち》がおわったら、今日《きょう》がんばったこと、ほめたいところを3つずつ書《か》いていくのも、とてもいいね。

得意《とくい》なこと、好《す》きなことに打《う》ちこむ

得意《とくい》なことや好《す》きなことには、全力《ぜんりょく》で打《う》ちこんでみよう。「得意《とくい》」や「好《す》き」は、ステキな自分《じぶん》になれるチャンスがつまっているんだ。

人《ひと》と比《くら》べず、自分自身《じぶんじしん》のいいところを大切《たいせつ》にのばしてほしいですの！

自《じ》分《ぶん》も友《とも》だちも大《たい》切《せつ》に！

今日《きょう》で最後《さいご》か…
なにか話《はな》さなきゃ
ななみ
ななみの明《あか》るくてやさしいところ大好《だいす》きだったよ！
えっ
そうなの!? 気《き》づかなかった
フフッ
私《わたし》 思《おも》ったことすぐ口《くち》に出《だ》しちゃうからあとで言《い》い過《す》ぎたって反省《はんせい》することが多《おお》いのよ
そうなの!?
私《わたし》はハッキリと自分《じぶん》の意見《いけん》が言《い》えるリカちゃん…
かっこいいな〜って思《おも》ってたんだ！
ななみ…

本当《ほんとう》に行《い》っちゃうんだね
うん
絶対《ぜったい》ぜーったい手紙《てがみ》書《か》くから！
うん… 私《わたし》も
だから笑顔《えがお》でバイバイね！
あはは ななみ スゴイ顔《かお》よ！
またね！ ななみ
サッ
またねー！
……
さっ帰《かえ》ろう
自分《じぶん》の気持《きも》ちも友《とも》だちの気持《きも》ちも大切《たいせつ》にできるようになってきたですの
そろそろ あたくしも…

自分《じぶん》の気持《きも》ちも友《とも》だちの気持《きも》ちも同《おな》じくらい大事《だいじ》！

やりたいことがバラバラなときもある

今日《きょう》は朝《あさ》ドラ一気見《いっきみ》しよう！
裏山《うらやま》にツチノコ探《さが》しに行《い》きたいな
ホテルのラウンジでお茶《ちゃ》したい気分《きぶん》
予習《よしゅう》、復習《ふくしゅう》をしっかりやっておきたい
みんなで筋《きん》トレしようぜ!!
1日中《にちじゅう》、将棋《しょうぎ》をさしていたい

でも、みんなちがっていてだいじょうぶ！

自分《じぶん》の気持《きも》ちに正直《しょうじき》になれれば……

ななみちゃん、鬼《おに》ごっこしようよ！
今《いま》はやりたくないな……
今《いま》はやめておくね！

友《とも》だちのことも大切《たいせつ》にできるよ

でも鬼《おに》ごっこ、好《す》きなんだ〜またさそってね！
うん、またさそうね
ななみちゃんのやりたい遊《あそ》びも今度《こんど》やろう！

あなたにも友《とも》だちにも、いろいろな気持《きも》ちや考《かんが》えがあるってこと、知《し》ってもらえたかしら？心《こころ》の旅《たび》はずっと続《つづ》くけど、自分《じぶん》も友《とも》だちも大《たい》切《せつ》にできれば、きっともっと仲《なか》よしになれるですの！

エピローグ

コンパクトからの卒《そつ》業《ぎょう》

そう
その日《ひ》はとつぜんで…
ギャ～
ちこくする～
チュン
チュン
いってきま～す
キーンコーン
カーンコーン
ふ～ 間《ま》に合《あ》った！
ハッ
コンパクト忘《わす》れた！
きっとハーティに
おこられるな…
関《かん》シャリ7共《セブンきょう》和《わ》国《こく》見《み》た？
ゲンさんかっこ
よかったね！
朝《あさ》ドラの
源《げん》さん!?
あはは
ちがうってば
ツチノコ…
裏山《うらやま》にいるかも
えっ見《み》たい
行《い》こうよ～
んじゃ帰《かえ》ったら
すぐに裏山集合《うらやましゅうごう》ね！
キャッ
キャッ

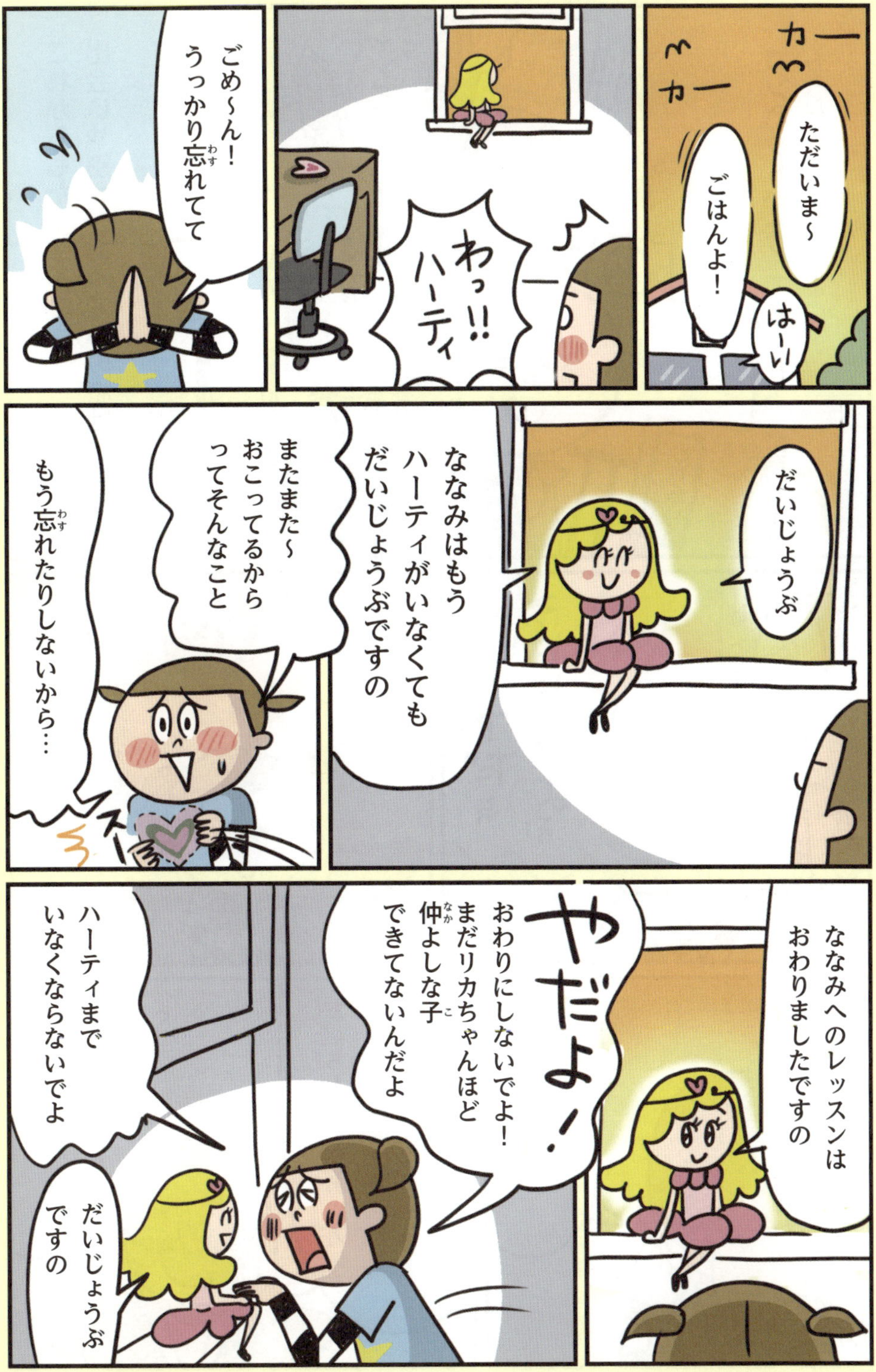
カー
カー
ただいま～
ごはんよ！
はーい
わっ!!
ハーティ
ごめ～ん！
うっかり忘《わす》れてて
だいじょうぶ
ななみはもう
ハーティがいなくても
だいじょうぶですの
またまた～
おこってるから
ってそんなこと
もう忘《わす》れたりしないから…
ななみへのレッスンは
おわりましたですの
やだよ！
おわりにしないでよ！
まだリカちゃんほど
仲《なか》よしな子《こ》
できてないんだよ
ハーティまで
いなくならないでよ
だいじょうぶ
ですの

これからもたくさんの
出会《であ》いや別《わか》れがあって心《こころ》の旅《たび》は続《つづ》くけど
○○高校《こうこう》
○○中学《ちゅうがく》
コンパクトがなくても
もうだいじょうぶ！
だってななみは
自分《じぶん》の気持《きも》ちも
友《とも》だちの気持《きも》ちも
大切《たいせつ》に
できるですの
でもやだぁ
そばにいてよぉ
さみしいよ〜
ななみ
あたくしは…
友《とも》だちとのつきあい方《かた》に
悩《なや》んでいる別《べつ》の子《こ》の
ところへ行《い》かなくては
ならないですの
大好《だいす》きですの
ななみ！

スー
ハーティ…ありがとう
ななみ自分《じぶん》を信《しん》じるですの
ピカッ!!
そして新学期《しんがっき》になりななみは5年生《ねんせい》に
アハハ
明日《あした》裏山《うらやま》行《い》こうね～
うん！
バイバーイ

ハーティ お元《げん》気《き》ですか？
私《わたし》は新《あたら》しいクラスでも 楽《たの》しくやっています
ただいま
ハーティの おかげです
あっ ハーティ 好《す》きだったよな
でもかなしい ことがひとつ…
ハーティが おどってくれたの なんの曲《きょく》だったっけ？
かわいかったのになぁ〜
それは少《すこ》しずつ 忘《わす》れてしまうこと
だから私《わたし》思《おも》いついたの！ ずっといっしょにいる方法《ほうほう》！
ハーティとの 思《おも》い出《で》を お芝居《しばい》に しようって！
ハーティと心《こころ》の旅《たび》
脚本《きゃくほん》・主演《しゅえん》 青木《あおき》ななみ

おわりに

友《とも》だちってとても大切《たいせつ》な存在《そんざい》だよね。
お腹《なか》をかかえるくらいいっしょに笑《わら》って、楽《たの》しさが何倍《なんばい》にもなる特別《とくべつ》な時間《じかん》をくれるのが友《とも》だちだ。

でも、ときにはケンカをすることもあるだろう。
どうしても話《はな》しづらいクラスメイトだってきっといる。
ひとりのほうがいいや、なんて思《おも》うときもあるかもしれない。

この本《ほん》でもくりかえし伝《つた》えてきたけれど、「人《ひと》はちがってあたりまえ」。だからこそ、ぶつかるときがあるのは仕方《しかた》がないんだ。でも、意見《いけん》のちがいをおたがいに認《みと》めあえれば、きっともっと仲《なか》よくなれる。
この本《ほん》に書《か》いている「友《とも》だちとのつきあい方《かた》」のヒントをぜひ試《ため》してほしいな。

ひとりの時間《じかん》があってもだいじょうぶ。そのうえで友《とも》だちとも楽《たの》しく過《す》ごせる。
キミたちがそんなハッピーな毎日《まいにち》を送《おく》れることを、心《こころ》から願《ねが》っているよ。

監修《かんしゅう》　相川《あいかわ》 充《あつし》

監修　相川 充（あいかわ あつし）

筑波大学大学院人間総合科学研究科心理学専攻教授。博士（心理学）。広島大学大学院修了。専門は、実験や調査によって人間関係を分析する対人心理学。研究の中心テーマは、ソーシャルスキルの理論と応用。最近の主な共著に『上司と部下のためのソーシャルスキル』（サイエンス社）、『イラスト版子どものソーシャルスキル－友だち関係に勇気と自信がつく42のメソッド』（合同出版）など。

イラストレーター　とげとげ。

1979年、埼玉県生まれ。看護師として3年間勤務後、イラストレーター＆漫画家となる。2児の母。アメーバ公式トップブロガーとして、育児4コマ漫画ブログ「ママまっしぐら！」（https://ameblo.jp/togetogeillust/）を運営。

編集・執筆　引田 光江（スタジオダンク）、大勝 きみこ
デザイン　佐藤 明日香（スタジオダンク）
校正　是光 皓平、木﨑 志保

大人になってこまらない マンガで身につく
友だちとのつきあい方

初版発行　2017年11月

監修　相川 充
マンガ・イラスト　とげとげ。
発行所　株式会社 金の星社
〒111-0056 東京都台東区小島 1-4-3
電話03-3861-1861（代表）
FAX03-3861-1507
振替00100-0-64678
http://www.kinnohoshi.co.jp
印刷・製本　図書印刷 株式会社

144P　21.0cm　NDC379　ISBN978-4-323-05324-0